Das grosse Buch der

HEXEN

Litho: DBB Bruckmaier, München

S. 8 „Circe reicht Odysseus den Becher" von John William Waterhaus (1849–1917)

S. 32 „Der kopflose Green Knight in König Arthus Burg", Buchmalerei aus dem 14. Jahrhundert; Bildarchiv Steffens.

S. 54 „Autodafé auf der Plaza Major in Madrid am 30. Juni 1680", 1683 von Francisco Rizzi (1608–1685), AKG Berlin.

S. 82: „Three women and three wolves" von Eugene Grasset (1841–1917);

S. 102: „Sage vom Hexenritt in der Walpurgisnacht", Farbpostkarte aquarelliert um 1900, AKG, Berlin.

S. 112 Paxmann/Teutsch; S. 113 Miguel Perez, S. 124, 126 Paxmann/Teutsch.

Gesamtproduktion: Paxmann/Teutsch Buchprojekte, München

Druck: Mladinska knjiga tiskarna d.d.

ISBN 3-85492-065-2

CLAIRE SINGER

Das grosse Buch der HEXEN

Die Geschichte eines Mythos vom Paradies bis heute

tosa

Inhaltsverzeichnis

Vorwort

Hexen, Teufel und Dämonen versuchen mit Zaubertränken und Ritualmartern die Menschen zu verderben. Das Ganze spielt sich in diesem Holzschnitt um 1500 in dem weit aufgerissenen Maul einer Höllenbestie ab und spiegelt so die abgrundtiefe Furcht vor allem Dämonischen wider, die die Menschen Europas in den Zeiten der großen Hexenverfolgung erfasste.

Vielleicht ist der Hexenglaube die älteste Religion der westlichen Welt. Sicher ist, dass ihre Ursprünge bis zu den ersten Menschen zurückreichen, also weit älter sind als alle heutigen Weltreligionen. Ihre Strukturen und Glaubensregeln richten sich nach keinen Büchern und Dogmen, sondern stehen in ihrem Geiste den Traditionen der amerikanischen Ureinwohner und den Schamanen der Arktis näher. Der Hexenglaube bezieht seine Lehren aus der Natur und erfährt seine tiefen Eingebungen aus den unendlichen Bewegungen von Sonne, Mond und Sternen, aus den Zugbewegungen der Vögel und dem Stirb und Werde alles Lebendigen. Die Legende beschreibt den Anfang des Hexenglaubens mit dem Einsetzen der Eiszeit in Europa vor rund 35 000 Jahren. Damals sanken die Temperaturen und riesige Eismassen, die durch ihre machtvolle Bewegung Geröll und Steine vor sich auftürmten, schoben sich Richtung Süden. Von den Bewohnern der oft kargen Landschaften war außerordentliches Geschick gefordert, um zu überleben. Nur wer im absoluten Gleichklang mit der Natur stand, konnte in ihr überleben. Ein magisches Spiel zwischen Naturbeherrschung und Naturbeobachtung setzte den Grundstein zum Hexenglauben. Die geschicktesten unter den Völkern, die die Tiere in Höhlen locken konnten, die die Kraft gewisser Pflanzen erkannten und die den Lauf des Mondes und seiner schwellenden und schwindenen Kraft erkennen konnten, wurden zu den Sehern der kleinen Gemeinschaften. All diese Fähigkeiten wurden von den Urvölkern keineswegs intellektuell bewertet, sondern galten als besondere Gabe, mit der Urgöttin, der Bewahrerin alles Lebendigen und der Beschützerin vor dem Tod, umzugehen. Durch den Einklang mit der Natur entstand eine Art Spiritualität. Rituelle Handlungen und Symbole wurden dazu benutzt, in andere Wahrnehmungszustände zu kommen, um der Natur und ihren Mysterien näher zu sein. Das „Unsagbare" bekam einen Namen: die Göttin. Sie beherrscht nicht die Welt – sie war die Welt, Mond, Mensch, Sonne, Strom und Samen in einem. Das Weibliche ist der Glaubensmittelpunkt und damit auch alle urweiblichen Eigenschaften wie Fruchtbarkeit, Sexualität, Geburtshilfe, sowie heilende und pflegende Kräfte. Alle diese Eigenschaften wurden später den Frauen zur Zeit der großen Hexenverfolgung zum Verhängnis. Hatte man dieses uralte Wissen und dieses tiefe Naturverständnis in der Antike und in den Anfängen der Christianisierung noch positiv bewertet und benutzt, so wurde einer stark männlich dominierten Religion und ihren Vertretern dieses Urwissen unheimlich. Dieser durch die Menschheitsgeschichte gewachsene Hexenglauben, der über Jahrhunderte seine Berechtigung und seine zentrale Stellung innerhalb einer Gemeinschaft hatte, wurde plötzlich zum größten Feindbild: Weib-

lichkeit, Sexualität und rituelle Fähigkeiten, die durch kein Buch vermittelt werden konnten, sondern nur durch mündliche Weitergabe, hatten einen der größten Massenmorde der Neuzeit zur Folge. Der ursprünglich so poetische Naturglaube, der zunächst das Weibliche, die Göttin, zum Mittelpunkt hatte und somit das Weltbild ganzer Generationen von Völkern prägte, wurde auf grausame Weise von einem theologischen und ausschließlich männlichen Glaubenssystem abgelöst, das keine Nebenreligionen duldete. Dabei kann so manches Übersinnliche und Geheimnisvolle der Hexen wissenschaftlich erklärt werden. Die unendliche Achtung vor der Natur verstärkte den Glauben, dass alle Handlungen der Liebe und Lust eine Huldigung an das Leben sind. Aus dieser Liebesgläubigkeit entstand der Mythos des Liebeszaubers, den viele Hexen beherrschten. Die Fähigkeit der Hexen, Beziehungen in ihrer psychologischen und sozialen Bedeutung zu sehen, wurde allen Frauen während der Hexenverfolgung zum Verhängnis. Sexuelle und erotische Kräfte waren Inbegriff des Teufelspaktes und stellten eine Gefahr der männlichen Souveränität dar. Weiblichkeit wurde zum Staatsfeind. Erst in der Aufklärung nahm das ziellose Morden ein Ende, allerdings ließ dann eine vernunftbetonte, geistige Grundhaltung über lange Zeit keine spirituelle Auslegung der Welt mehr zu. Der Hexenglaube und die Furcht davor waren aus dem öffentlichen Leben verschwunden, aber im Untergrund immer vorhanden. Mit den Märchen der Gebrüder Grimm erschien die Hexe dann in der Literatur und erhielt dort ihre karikaturhaften Züge, die man auch heute noch gerne mit dem Begriff verbindet. Erst mit einem zunehmenden Wissen über frühere Völker, das durch die Ausgrabungen des 19. und angehenden 20. Jahrhunderts entstand, durch die Erfahrungen mit Psychologie und Parawissenschaften wuchs ein neues Interesse am Hexenglauben. Hinzu kamen ein neues erwachendes Selbstbewusstsein der Frauen und ein Bedürfnis nach einer weiblichen Spiritualität. Emanzipation, ökologisches Bewusstsein und eine neue Hinwendung zur Natur schufen in jüngerer Zeit neue Hexenzirkel und die Esoterik entdeckte die alten schamanischen Kräfte, die in einer Auseinandersetzung mit den Hexenmythen entstehen können, wieder. Tatsächlich ist das Bedürfnis des Menschen, übersinnliche Kräfte zu erkennen, zu spüren und zu erzeugen, ungebrochen, ja wächst zunehmend in einer Welt, die von Technologie und Rationalität geprägt ist. Die Aktualität alter Heilmethoden, von der Chinesischen Medizin bis zum indischen Ayurveda, von den Weisheiten einer Hildegard von Bingen über neue wissenschaftliche Ergebnisse bis zu den Heilkräften der Natur, hat einem neuen Hexenverständnis Vorschub geleistet. Die postiven Kräfte dieser weiblichen Urreligion können uns viele neue Einblicke in das Zusammenleben früherer Völker und Gemeinschaften geben, dürften aber auch eine hochaktuelle Hilfe sein im neuen Selbstverständnis der Geschlechter und im Umgang mit „über"sinnlichen Fähigkeiten. Hexe ist ein Begriff mit vielen Gesichtern, zum einen Heilerin und Seherin, auf der anderen Seite Dämon und Verderberin, spirituell und körperlich, erotisch und metaphysisch und vor allem so alt wie die Menschheit selbst.

Claire Singer

Hexenzauber wurde sehr oft durch geheimnisvoll zubereitete Elixiere erwirkt. Die kräuterkundigen Hexen konnten mit der rechten Mischung durchaus Halluzinationen und Visionen hervorrufen. Um den Zauber noch zu erhöhen, wurde den Geheimsäften häufig frisches Tierblut beigemengt, das bei Ritualopfern zum Beispiel aus Hühnern gewonnen wurde.

Der rhythmische Lauf der Gestirne, das Ab- und Anschwellen der Tierpopulationen von Frühling bis Winter und nicht zuletzt das Entstehen größerer Lebensgemeinschaften sind der Ursprung des Hexenglaubens, der mit größter Wahrscheinlichkeit am Beginn der europäischen Eiszeit liegt. Für Altertumsforscher und Völkerkundler ist der Hexenglaube eine wertvolle Hilfe zum Verständnis der Urzeit.

Der Ursprung des

Hexenglaubens

Magie der Eiszeit

Durch die Tundra mit ihren reichen Rentier- und Büffelbeständen zogen kleine Gemeinschaften von Jägern und Sammlern. Die Männer jagten mit primitivsten Waffen, um den Nahrungsbedarf ihrer Gruppe zu decken, die Frauen versorgten die Kinder und sammelten die köstlichen Beeren, Kräuter, Pilze und Pflanzen, deren Wirkweise sie bald so gut kannten, dass sie sie auch im Krankheitsfall hilfreich einsetzen konnten. Manch einer der Jäger war geschickter als der andere, manche Frau erkannte Naturkatastrophen, bevor sie eintraten, und warnte so vor Gefahren durch genaueste Naturkenntnis. Innerhalb der Gemeinschaften entwickelte sich ein soziales, aber auch hierarchisches Miteinander. Die Frauen gebaren neues Leben und sie heilten die verletzten Jäger, sie sahen Unerklärliches voraus und bestimmten durch ihre mondzyklische Fruchtbarkeit den Kreislauf des Lebens. Ein weibliches Kraftfeld entstand.

Die Magier der Eiszeit

Bevor das Feuer erfunden wurde, also keine fremde Lichtquelle die Kraft des Mondlichts minderte, scheint es so gewesen zu sein, dass alle Frauen zur selben Zeit menstruierten. Das bedeutete einen ungeheuren Gleichklang von Gebärfähigkeit, Unfruchtbarkeit und sexueller Kraft, dem die Männer der jeweiligen Gemeinschaften nur nachfolgen konnten. Sehr früh schon erkannten die Frauen einen Zusammenhang zwischen dem Lauf des Mondes und ihrer inneren Natur. Das Mysterium der Geburt und des schwellenden Leibes während der Schwangerschaft umgab sie mit einem Geheimnis für die Männer. Da die damaligen Menschen noch keinen Zusammenhang zwischen männlichem Samen und weiblicher Eizelle kannten, waren die Befruchtung und das Werden des neuen Lebens von einer mystischen Aura umgeben.

Durch die Aufgaben zur Seherin

Zu der Kraft der weiblichen Fruchtbarkeit kam eine weitere urweibliche Gabe, die sich durch den Kräfteunterschied und die unterschiedliche Aufgabenteilung innerhalb der Gruppe ergab. Die Männer zogen aus, um Tiere zu jagen oder sie in Höhlen zu fangen. Oft blieben sie tagelang von der ungeschützten Gruppe der Frauen, Kinder und Alten weg. Die Frauen mussten in der Zwischenzeit die hilflosen Mitglieder, Kinder und Alte, beschützen und ernähren. Sie sammelten, was die jeweiligen Landschaften hergaben, sie heilten mit Kräutern, deren Wirkungen sie im Laufe der Zeit erkannten. Sie

Der gehörnte Gott

Jäger, die sich mit einer Gruppe Tiere so eins fühlten, dass sie deren Lauf voraussehen konnten, wurden von der Jägergemeinde als Führer angesehen. Sie konnten sich in den Geist der Tiere versetzen und deren pulsierenden Rhythmus aufnehmen, so dass sie sie sogar manipulieren und in die Enge treiben konnten. Aber auch das Abwehren von wilden und gefährlichen Tieren konnte auf diesem spirituellen Wege erfolgen. Es hat also nicht nur unter den Frauen eine starke Identifikation mit der Natur gegeben, sondern auch die Männer nutzten auf ihren Streifzügen durch die unwirtliche Natur diese besonderen Fähigkeiten. Schließlich wurde diese Gabe so verfeinert, dass Tiertänze, rituelle Opferungen und Weihen die Natur geneigt machen sollten. Aus frühen Höhlenmalereien erfährt man, dass Tiere die ersten Objekte waren, die gemalt wurden. Die männlichen Schamanen hüllten sich in Felle und imitierten in ihrem Aussehen die Gestalt der Tiere. In den Höhlen der Alpen wurden Bärenschädel entdeckt, wo die frühen Schamanen Orakelsprüche aufsagten, um ihre Stämme zum Wild zu führen. Der frühe Schamane wird als gehörnter Gott dargestellt, der täglich durch das Tor des Todes schreitet, jagt, gejagt und wieder geboren wird.
Trotzdem ist seine Ehrfurcht vor den weiblichen Seherinnen groß: Sie gebiert die Kinder, der gehörnte Gott hingegen muss sich jeden Tag neu beweisen.

halfen sich gegenseitig bei den Geburten und trugen so das Wissen um den Verlauf einer Geburt und den weiblichen Körperbau von Generation zu Generation weiter. Durch ihre schwächere körperliche Konstitution waren die Frauen einer Gemeinschaft auch gezwungen, Gefahren mit sinnlichen Mitteln zu erkennen und zu vermeiden. Dazu mussten sie die Natur genau beobachten lernen. Sie konnten kraft ihrer höheren körperlichen Sensibilität schon früh Wetterumschwünge und andere Naturphänomene erspüren. Gefahren, denen sie sich mit rein körperlicher Kraft nicht hätten widersetzen können, mussten sie mit mentalen und medizinischen Fähigkeiten abwehren lernen. Dazu zählte das Zähmen wilder Tiere durch Blicke und Gesten ebenso wie das Auslegen giftiger Köder oder das Heilen nässender Auschläge und Wunden, die unbehandelt unweigerlich zum Tode geführt hätten.

Bewahrerin des Lebens

Die Frauen der Eiszeit waren also gezwungen, ihre ureigensten Eigenschaften zu spezialisieren und zu verfeinern, um zu überleben und, vor allem, um das Überleben der Nachfahren zu sichern. So war wahrscheinlich eine übersinnliche Begabung bei allen Frauen vorhanden und erst im Laufe der Zeit haben sich noch spezialisiertere Frauen herausgebildet. Sie waren wohl dann auch die ersten Priesterinnen und Schamaninnen, denen man innerhalb der Gruppe viel Gehör schenkte und die eine ungeheure Vorrangstellung hatten. Nicht um Macht ging es dabei, sondern um den Schutz der Gruppe, den Erhalt des sozialen Netzes und um die Ehrfurcht vor der Natur. Die Natur mit all ihrer Kraft, ihren Gefahren, aber auch ihren überlebensnotwendigen Gaben prägte das frühe Hexenwesen am allermeisten. Nichts war wichtiger, als die Eigenschaften der Natur zu kennen und richtig zu bewerten, denn nicht nur das Schicksal Einzelner, sondern das Fortkommen der ganzen Gemeinschaft hing unmittelbar davon ab. Die ersten Hexen waren das Bindeglied zu den Mächten der Natur und deshalb wurde der Hexenglaube bald zum Glauben an die Große Göttin, die Sonne, Erde, Mond, Wind, Wasser, Geist und Körper in einem war.

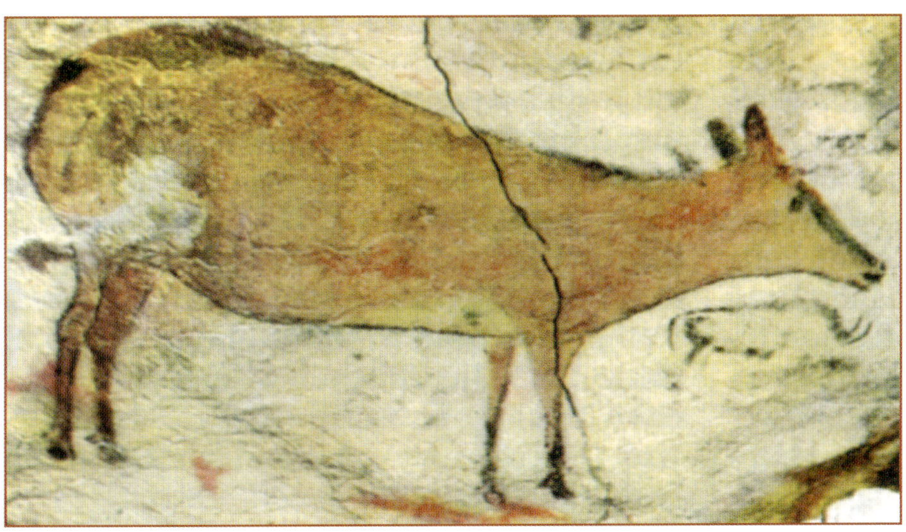

Fast naturgetreu wirkt diese Steinzeitzeichnung eines Hirschkalbs in den Höhlen des spanischen Altamira.

Der Kampf ums Überleben

Von den Urmenschen zu den Menschen der Eiszeit haben unglaublich viele kleine und große Schritte das Zusammenleben, den Körperbau und die mentalen Fähigkeiten verändert. Als sich die Urmenschen langsam von einem Leben auf den Bäumen zu einem Leben auf der Erde entwickelten, hatte das weit reichende Folgen. Der aufrechte Gang veränderte das Skelett, der Verzehr von Tieren das Gebiss und somit die ganze Schädelform. Das Überleben auf einem weit größeren Raum als einem Baum erforderte eine gemeinsame Sprache und das Erlegen von Tieren war in strukturierten Gruppen erfolgreicher. Sprache bildete sich und damit veränderten sich die Gebissformen. Die am besten an ihre Umwelt Angepassten vermehrten sich. Vielleicht waren dies die Sprachbegabtesten oder die Vorsichtigsten, vielleicht waren es aber auch die, die am wenigsten behaart waren, da sie bei der Jagd nicht mit Tieren verwechselt werden konnten. Auf jeden Fall waren es jene, die über ihren Instinkt hinaus Verstand und andere mentale Fähigkeiten entwickelt hatten. Dazu zählt auch die seherische und spirituelle Gabe, aber auch die Fähigkeit, rituelle Handlungen durchzuführen, kurz, um einen Glauben zu entwickeln, der gruppenbindend war, denn nur so war ein Überleben möglich.

Formensprache von Mond und Sonne

Vom Baikalsee in Sibirien stammt dieser älteste Fund einer Spirale. Wahrscheinlich wurde diese aus Mammutelfenbein gefertigte Spiralenlandschaft von einem Steinzeitmenschen als Talisman verwendet.

Bestimmte Formen symbolisierten von jeher das Stirb und Werde der Welt und waren somit die frühesten Zeichen religiöser und ritueller Stätten. Natürlich war auch hier wieder die Natur das Leitbild, wo das Wachsen, Blühen, Vergehen und Wiedergedeihen den kreisförmigen Verlauf des Lebens vorgeben.

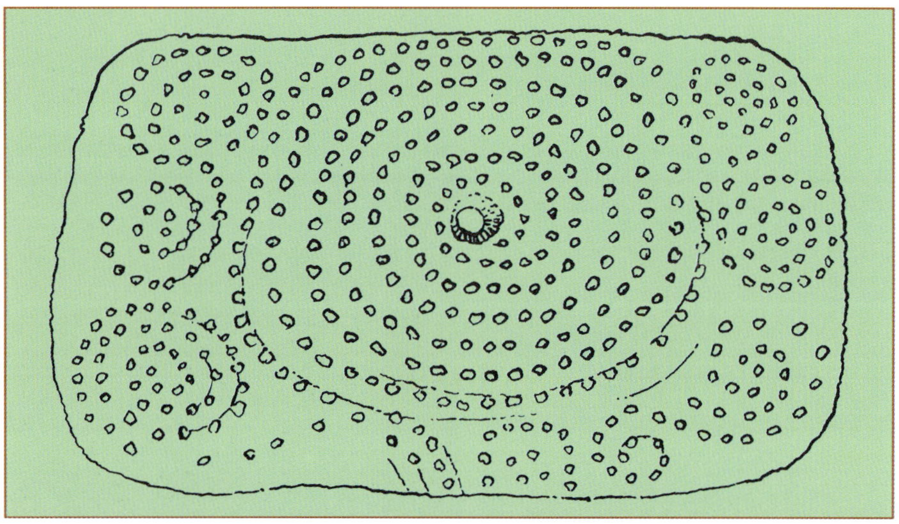

Symbol der Seelenreise – die Spirale als weltweite Urform

Weltweit scheint bei den Urvölkern die Form der Spirale eine der ersten Symbole der rituellen Kunst gewesen zu sein. Bei den Aborigines, den Ureinwohnern Autraliens, die sich bis heute eine jahrtausendealte Verbundenheit zu ihren Ursprüngen bewahrt haben, finden sich die so genannten Traumzeiten. Geritzte und gemalte Spuren, die sich in geheimnisvollen Schlangenbewegungen ineinander und wieder auseinander drehen und ein geheimes Wissen weitergeben, das außerhalb einer messbaren Zeit liegt. Beim Betrachten dieser Traumpfade kann es zu Sinnestäuschungen kommen, die Linien fangen an sich zu bewegen und tranceartige Zustände sind die Folge. Die wahre Bedeutung ist nur den eingeweihten weisen Alten eines Stammes bekannt. Aus Afrika sind spiralförmige Muster in Skulpturen, Steinen und Elfenbein bekannt. Die frühen Höhlenmalereien der amerikanischen Ureinwohner betonen ebenso dieses, zu den ältesten zählende ethnologische Grundmuster.

Die Spirale

Als die spirituell begabtesten Mitglieder eines Stammes ihre rituellen Handlungen und Opferungen schließlich sehr gezielt vornahmen und Höhlen und Weihestätten nach bestimmten Kriterien auswählten, gewann eine Form vor allen anderen an großer Bedeutung: die Spirale.
Sie konnten die Jäger bei ihren Streifzügen entdecken, wenn der wirbelnde Staub aufgebrachter Bisonherden vor ihnen aufflog, wenn sich Wasser unter den Hufschlägen kräuselte und wenn die wilden Rentierrudel in scheinbar ziellosen Schleifen Kreise nach innen und wieder nach außen zogen. Die inspiriertesten Jäger sahen in der Spiralbewegung der Tiere ihre Fluchtrichtung voraus und so konnte ihnen der Rückweg abgeschnitten und eine Jagd erfolgreich werden.

Kunstformen

Unter den weisen Frauen war die Kenntnis der Spiralbewegung noch größer, denn die Bewegung strudelnden Wassers, der Sterne, des Mondlaufs und der Sonne sowie der pulsierende Vorgang einer Geburt ließen ihnen diese Bewegung als geweihte Form

erscheinen. Sie hielten dieses Auf- und Abschwellen, diese in sich drehenden Bewegungen in Stein geritzt fest. Immer wieder finden sich in diesen frühen Zeichnungen Spiralformen und immer wieder Tierdarstellungen.
In den frühen Höhlenmalereien des Paläolithikum, also in der Zeit als der Homo sapiens den Homo neanderthalensis ablöste, sind die gehörnten Tiere, die sich bäumenden Büffel und die springenden Urpferde meist in runden, sich einander umkreisenden Bewegungen dargestellt. Florale und schwingende Formen bestimmen die ausdrucksstarken Gebilde an den Höhlenwänden in Südfrankreich. Daneben aber bestehen in viel kleinerer Zahl die Darstellungen der männlichen Jäger, meist gehörnt und in Tierfelle gehüllt.

Spiralen konzentrieren und schützen so die Erdenergien. Hat ein Ort wie dieser Fels hier auf der britischen Insel Skye spürbar viel Energie, wurden von unseren weisen Vorfahren Steinspiralen ausgelegt, um den Ort für kultische Treffen zu nutzen.

Weibliche Formensprache

Sind es bei den frühesten Malereien meist Männer und Tiere, die abgebildet werden, so sind die Skulpturen der Frühzeit fast ausnahmslos weibliche Darstellungen. Die frühesten Skulpturen sind in Stein geritzte Frauendarstellungen, danach folgen Schnitzereien aus Mammutelfenbein und Knochen. Auffallend bei diesen Figurinen sind die stark ausgebildeten weiblichen Geschlechtsmerkmale. Übergroße Brüste, die schwer auf herausragenden Bäuchen lagern, dazu weit ausladende Schenkel, so dass die ganze Skulptur üppig erscheint. Die Köpfe sind gesichtslos, die Füße nicht herausgebildet. Schamlippen, Hintern und Brustwarzen wurden überbetont, der Bauch und die Hüften sind wulstig.

Die kleinen Kalksteinstatuetten von Willendorf überzeugen trotzt der fehlenden individuellen Gesichtszüge mit ihrer Urweiblichkeit und ihren üppigen Formen. Ihre Botschaft ist: Ich bin die Lebensspenderin, die Bewahrerin und Ernährerin. Die so genannte Venus von Willendorf wurde wahrscheinlich sowohl bei priesterlichen Zeremonien als auch als Fruchtbarkeitssymbol eingesetzt – im wahrsten Sinne des Wortes, denn durch ihre spitz zulaufende Fußpartie konnte sie in die Erde gesteckt werden. So wurden zahlreiche der kleinen Figürchen in einem Halbkreis angeordnet entdeckt.

Frühe Kunst – hochmodern!

Die Werke der ersten Bildhauer sind teilweise so abstrakt und reduziert, dass sie sich wie Kunstwerke aus der Jetztzeit ausnehmen. Da viele Funde Ende des 19. Jahrhunderts erfolgten, ist es nicht verwunderlich, dass sich viele Künstler des 20. Jahrhunderts von den Venusvorbildern beeinflussen ließen. Eine der berühmtesten und wohl konsequentesten Künstlerinnen in diese Richtung ist sicher Niki de Saint Phalle. Auch ihre Riesenskulpturen, Nanas genannt, zeigen stark betonte Rundungen, weisen auf Schamdreieck und üppige Sexualität hin und symbolisieren eine Weiblichkeit, die Macht und Einfluss hat. Der südamerikanische Maler Fernando Botero ist ebenfalls ein Meister der üppigen Formen. Überdimensional scheinen seine Körper zu den eher kleinen Füßen und den winzigen Köpfen.

Flächendeckende Venus

Die Figuren wurden nach den großen Funden im österreichischen Willendorf, wo man 130 solcher Statuetten fand, Venus-Figurinen genannt. Die Verbreitung der Venusfiguren ist europaweit. Von Österreich über Frankreich bis nach Sibirien reichen die Fundstätten. Bis heute ist nicht klar, ob diese Venusdarstellungen als Fruchtbarkeitssymbol, als rituelles Werkzeug oder als Weihefigur ihren Platz innerhalb der Stämme hatten. Hatte man zunächst angenommen, dass die Skulpturen als erotische und Fruchtbarkeit spendende Mittel eingesetzt wurden, so kamen Wissenschaftler in den letzten Jahren überein, dass diese eine schon sehr frühe Verehrung des Urweiblichen darstellten und somit allererste Zeugnisse einer Religionsform sind. Tatächlich wurden viele dieser Figuren an altarähnlichen Stellen gefunden. Die spitz zulaufenden Fußkegel konnten in den Boden gesteckt werden. Ihre vorgewölbten Bäuche symbolisieren die Schwangerschaft, also den Fortbestand des Lebens an sich. Diese vordergründige Sexualität weist auf den späteren Aspekt beim Hexenkult hin, der einen lustbetonten Umgang mit dem Körper und häufige geschlechtliche Vereinigung vorsieht.

Im Jahr 1922 wurde in Frankreich in der Grotte von Rideaux, im Bereich Haut-Garonne, die „Venus von Lespugue" gefunden. Die kleine 14,7 Zentimeter hohe Figur aus Mammutelfenbein ist noch stärker abstrahiert und konzentriert sich stärker auf die weiblichen Geschlechtsmerkmale, die auffällig nahe beieinander liegen. Das Zentrum der ganzen Figur bilden die übergroßen Brüste gleich neben den ausladenden Hüften mit dem Schamdreieck als Mitte.

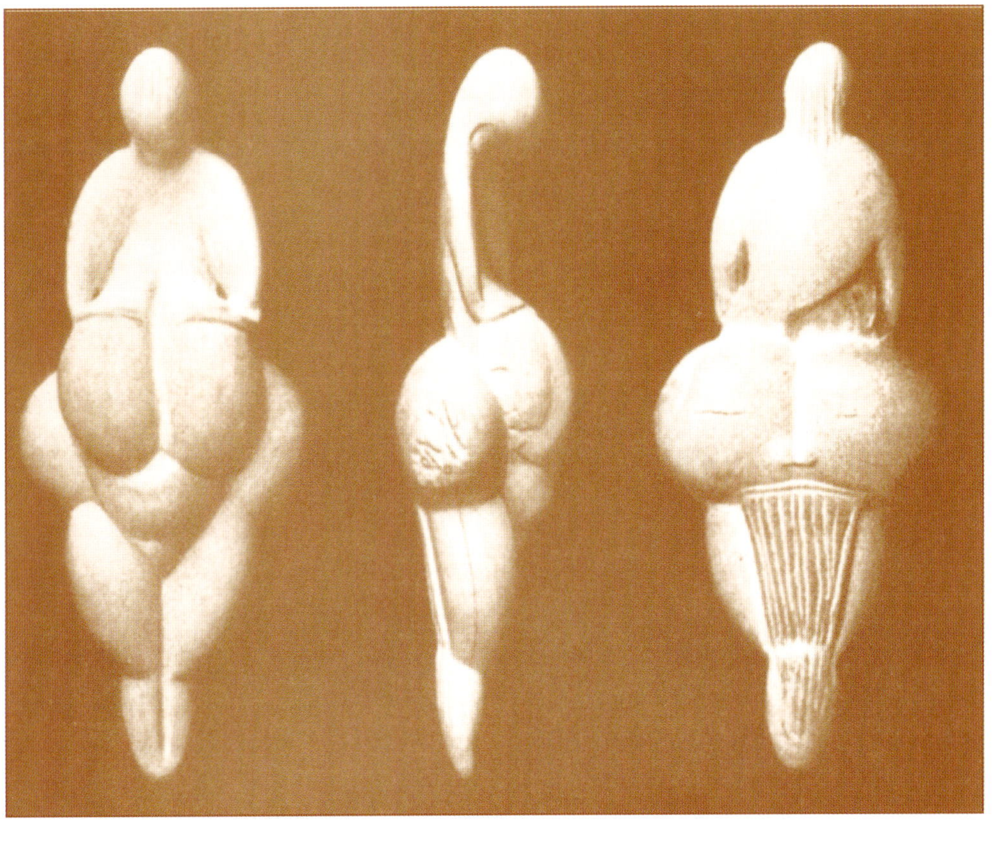

Schamanen und Priesterinnen

Als sich das Eis langsam zurückzog, hat sich innerhalb der umherziehenden Gemeinschaften ein tief sitzender Glaube an eine naturgewaltige Göttin verbreitet. Das Mysterium von Geburt, Gedeihen, Vergehen und Wiedergeborenwerden war im frühreligiösen Denken fest verankert und wird nun spezialisiert und gezielt in den Riten der ersten Hexenzyklen zur Beschwörung der Natur eingesetzt.

Durch die Natur sensibel gemacht

Die umherziehenden Völker am Ende der Eiszeit waren, geschult durch ein Leben in der unwirtlichen Natur, mit ungeheurem Spürsinn ausgestattet. So konnten sie die Magie eines Ortes schon früh erspüren, konnten erkennen, ob die Strömungen für einen Lagerplatz geeignet waren oder ob die Gruppe vielleicht weiterziehen sollte. Diese Sensibilität war ungeheuer wichtig, gerade da nun weite Teile des Landes vom Eis preisgegeben wurden und Neuland zu besiedeln war. Ein Irrtum konnte das Leben der ganzen Gruppe gefährden. Auf die Natur und ihre Formensprache zu hören war von allergrößter Wichtigkeit. So haben sich die meisten magischen Handlungen aus ganz konkreten Gegebenheiten herausgebildet und erst im Laufe der Zeit verselbständigt, wenn Wiederholungen, aber auch gemeinsame Erfahrungen die Besonderheit einer Situation hervorgehoben haben.

Das Eis zieht sich zurück

Als sich schließlich am Ende der Eiszeit die Erde wieder erwärmt und das Eis zurückweicht, bleiben die Steinspuren, die Geröllawinen und die aufgetürmten Hügellandschaften in organischen, oft spiralförmigen Strukturen zurück. Die Menschen werden sesshaft und in den nun gewachsenen Stammesstrukturen haben die Priesterinnen ihren

Zeittafel

- **Vor ca. 15 Millionen Jahren: Beginn der Entwicklung zum Menschen**
- **vor ca. 500 000 Jahren: früheste menschenähnliche Funde**
- **vor ca. 60 000 bis 80 000 Jahren: Die Neanderthaler ziehen in kleinen Gruppen umher, leben vom Jagen, siedeln in Höhlen, ihre Geräte sind aus Knochen, Steinen und Holz.**
- **vor ca. 50 000 Jahren Einsetzen einer Eiszeit: Die umherwandernden Gruppen müssen in den Süden ziehen. Die von einem riesigen Eisgürtel umschlossenen Gebiete Europas bestehen aus einer fruchtbaren Tundralandschaft, in der Mammuts und andere kälteresistente Tiere leben.**
- **vor ca. 35 000 Jahren: Eine neue Menschenrasse, wahrscheinlich aus Asien kommend, siedelt sich in Europa an. Man nennt sie nach Funden in Frankreich Cro-Magnon-Menschen. Mit ihren verbesserten Werkzeugen und vor allem ihren Höhlenmalereien kennzeichnen sie die Altsteinzeit. Berühmteste Beispiele sind die Zeichnungen in den Höhlen von Lascaux (Frankreich) und Altamira (Spanien). Ihr künstlerischer Erfindungsreichtum setzt einen Markstein in der Entwicklung des Menschen.**
- **vor ca. 10 000 bis 5 000 Jahren: Die Erde Europas erwärmt sich. Die Nachfahren der Cro-Magnon- Menschen werden sesshaft. Ackerbau und Viehzucht beginnen. Die Menschen dieser Jungsteinzeit achten Mann und Frau gleichermaßen, was Grabbeigaben beweisen.**

festen Platz. Sie beobachten ihre Umwelt sehr genau. Bald schon erkennen sie, dass bestimmte Steine eine besondere energetische Kraft haben. Alles was in ihrer Nähe verrichtet wird, scheint unter besonderem Einfluss zu geschehen. Einige Gruppen ziehen nun nach Norden und gelangen über eine schmale Landzunge bis nach Alaska und von dort nach Nordamerika. Die europäischen Gruppen verlegen sich auf Fischfang und sammeln Wildpflanzen. Neue Werkzeuge werden erfunden. Die Menschen entdecken, dass, wenn sie ihre Kräfte zusammenlegen, ein Zusammenleben einfacher wird. Siedlungen entstehen, zusammengesetzt aus verschiedenen umherziehenden Stämmen. Die jeweiligen Priesterinnen und Schamanen tauschen ihre Erfahrungen aus und teilen ihr Wissen miteinander. Durch den Austausch werden viele gemeinsame Erfahrungen festgestellt, aber auch neue Kenntnisse gewonnen. Die ersten Hexenzirkel entstehen.

Gerade in der Romantik setzte ein verstärktes Interesse an der Mythologie der vorgeschichtlichen Hexen ein. Allerdings waren die Darstellungen stark von den modischen Gegebenheiten der Romantik geprägt – wallende Stoffkleider waren am Ende der Eiszeit noch nicht bekannt.

Gelenkte Magie

Um Angst und Faszination vor den „weisen Frauen", den späteren Hexen, zu mildern, hat man zu jeder Zeit versucht, diesen Frauen bestimmte Attribute zuzuordnen. So wurden zum Beispiel im Barock, einer Zeit, die sich wieder sehr stark mit den Ursprüngen des Hexenglaubens und des Priesterinnenkultes auseinander setzte, die vorchristlichen „weisen Frauen" stets Trommel schlagend dargestellt. Mit diesem Instrument begleiteten sie die ekstatischen Tänze der geheimen Versammlungen.

Durch das gemeinsame Wissen und die Erfahrung, dass andere Priesterinnen ähnliche Dinge entdeckt haben, konnten gezielte Kraftsteine ,-felder und -orte gesucht und gefunden werden. Barfüßige Priesterinnen durchstreiften junges Gras und zeichneten darin Kreisspuren, um Kräfte zu bündeln. Das Wissen um die Magie bestimmter Steine wurde so weiterentwickelt, dass aus bestimmten Steinen Krafträume gebaut wurden. Menhire, wie zum Beispiel die berühmten Hinkelsteine von Carnac in der Bretagne, die unglaublich wuchtigen Steinzirkel von Stonehenge und viele Grabgänge in ganz Europa bildeten die Pforte zwischen einer sichtbaren und einer unsichtbaren Welt. Sie symbolisierten unter anderem das Jahr, das in acht große Abschnitte geteilt wurde: Sonnwenden, Tagundnachtgleichen und Tage des Vierteljahresbeginns, an denen bestimmte Feste gefeiert und Feuer entzündet wurden. Durch das intensive Naturstudium der priesterlichen Frauen und Männer wurde entdeckt, dass man Samen nicht nur essen kann, sondern dass sie sich beim Aussäen vermehren. Der erste Ackerbau wurde betrieben, Tiere wurden gezüchtet und nahe den Behausungen gehütet.

Die Hauptbereiche des Hexenwirkens

Aus dem Zusammenleben in Siedlungen ergaben sich für die Hexen und Schamanen sehr klare Aufgabengebiete. Zum einen die unausgesetzte Naturbeobachtung, um das Gedeihen der Felder und des Viehs zu gewährleisten, die Heilversorgung durch die kräuterkundigen Priesterinnen, die Geburtshilfe und die Sorge um die Genießbarkeit von Nahrung sowie die Beschwörung der Natur. Wurde zu dieser Zeit noch Hexenwissen und -wirken überaus positiv belegt, so ergaben sich in späteren Zeiten genau aus diesen priesterlichen Aufgaben die Vorwürfe der schädigenden Zauberei: zum einen das vielgestaltige „maleficum" – die Vorstellung, dass Menschen mit Hilfe von Dämonen anderen Menschen Schaden zufügen können, die Behexung von Mann und Frau, vor allem die Unfruchtbarkeit betreffend, das Verhexen, sprich Zerstören von Ernten, das Verzaubern von

Götter und Gräber

Ein wichtiger Bestandteil schon der jungsteinzeitlichen Religion war der Glaube an ein Leben nach dem Tod. Sonne und Mond wurden verehrt sowie Geister, die in Pflanzen, Flüssen und an einsamen Plätzen vermutet wurden. Einige Weltwunder dieser Erde, die auch heute noch jeden Betrachter bewegen, stammen aus dieser Zeit: die Steinkreise von Stonehenge, deren Ausrichtung vermutlich auch mit großer astrologischer Kenntnis angelegt wurde und die heute noch tiefe, auratische Ausstrahlung haben, und die ältesten Pyramiden von Ägypten, in denen man kostbare und reiche Grabbeigaben fand. Die so genannten Hünengräber, die in Nord- und Mitteleuropa zu finden sind, dienten den Jungsteinzeitmenschen als Wohnhäuser für die toten Familienangehörigen, in denen sie ihre Verstorbenen in Schlafpositionen bestatteten.

Kuhmilch (Butterhexe). Zum anderen das „venifikum", das Giftmischen in Verbindung mit magischen Formeln meint und zum Schaden des Menschen betrieben wird. Doch all dies sollte erst viele Jahrhunderte später auftreten. Noch ist die Priesterin das Verbindungsglied zwischen der Urgöttin und den Menschen, die langsam angefangen haben, sich die Erde untertan zu machen, und nicht mehr nur als Gejagte ein Spielball der Natur waren.

Trommelstöcke aus Tierknochen und Trommelzeremonien in der freien Natur gehörten zum Ritus der Hexentänze. Noch heute ist die Trommel ein zentraler Ritualgegenstand.

Zeittafel

- ca. 6000 v. Chr.: Beginn der Bronzezeit. Die Menschen entdecken einen neuen Werkstoff. Metalle gewinnen an Bedeutung auch für die Priesterinnen, die die besondere Kraft dieser Stoffe erkennen. Lastentiere, Schiffe und Transportwägen ermöglichen einen Handel und damit auch Kulturaustausch zwischen verschiedenen Stämmen.
- ca. 5000 bis 500 v. Chr.: Die Kelten bevölkern West- und Mitteleuropa.
- ca. 4000 v. Chr.: Ende der Steinzeit
- ca. 3000 v. Chr.: Beginn der Eisenzeit. Erweiterte künstlerische und handwerkliche Fähigkeiten tragen zu großem Fortschritt bei.

Das Füllhorn entsprach ganz dem Glauben an die alles spendende Weiblichkeit. Sexualität darzustellen galt lange als Verehrungsgeste vor der Urgöttin. Im Laufe der Zivilisationsgeschichte schwand der Status der Großen Mutter. Schon in der Eisenzeit begann sich eine von Männern dominierte Gesellschaft herauszubilden.

Frühe Kulturen in Europa

Vor ungefähr 3000 Jahren gelang es den Menschen Eisen herzustellen. Bis dahin hatte sich das dörfliche Leben schon so weit entwickelt, dass Männer und Frauen ganz bestimmte Aufgaben übernahmen und gemäß ihren Fähigkeiten auch zu spezialisierten Handwerkern oder aber auch Wächtern über Riten und Naturereignisse wurden.

Eisen bringt Eisenmänner hervor

Durch die Fähigkeit, mit Eisen Gegenstände zu fertigen, ergaben sich plötzlich ganz neue Lebenmöglichkeiten. Waffen, Werkzeuge und Alltagsgegenstände wie Töpfe erleichterten die tägliche Arbeit. Der Schmied wurde zum angesehenen Mitglied einer Gesellschaft. Die Frauen widmeten sich der Feldarbeit und dem Anfertigen von Kleidung. Seit der Erfindung des Webstuhls veränderte sich die Bekleidung. Lange lose und durch Kordeln gehaltene

Tücher und Umhänge verhüllten nun die Menschen. Es ist anzunehemn, dass sich zu dieser Zeit auch die Stellung der Frau innerhalb der Gemeinschaft verändert hat. Durch die festen Dorfgemeinschaften, den Ackerbau und die Viehzucht waren die Männer nicht mehr gezwungen, tagelang von der Gruppe entfernt zu sein. Feste Behausungen gaben auch vor, dass bestimmte Menschen darin lebten und nicht wie in der Zeit der umherziehenden Völker das Lager mit allen geteilt wurde. Wahscheinlich haben die Männer und Frauen bis zur Sesshaftigekit in lockeren Lebensgemeinschaften gelebt, die eine freie Wahl der Geschlechtspartner zuließen. Es war auch lange Zeit nicht wichtig, wer der Vater eines Kindes war, zumal die damaligen Völker teilweise an Befruchtung durch den Wind glaubten.

Sesshaftigkeit kontra Gleichberechtigung

Ab dem Zeitpunkt der Sesshaftigkeit entstanden Hierarchien, die sich natürlich auch auf die Nachkommenschaft auswirkten. Hinzu kam eine weitere Aufgabe der Frau, die dem Mann ein sicheres Leben ermöglichte: Die Frau als Hüterin des Feuers war auch für die Bereitstellung und das Warmhalten der Speisen verantwortlich. Nur wer eine feste Partnerin hatte, konnte sich auf diesen Service verlassen. Die Paarbeziehung, zumindest aber die feste Lebensgemeinschaft setzte sich durch. Eine gewisse Wachsamkeit gegenüber der Partnerin kam auf und führte zur beginnenden Dominierung des weiblichen Geschlechts. War die Frau bislang, als irdische Vertreterin des Urgöttinnenprinzips und als Inbegriff für Fruchtbarkeit und Leben verehrt und gleich geachtet worden, so schwand dieser Status und somit auch der Glaube an die Urgöttin. In allen Kulturen, die zeitgleich existierten, ist dieses Phänomen zu erkennen. Besonders auf die Priesterinnen und die Hexenbünde hatte dies großen Einfluss. Ihnen wurde nun auch Schadenszauber zugetraut. Deren mystisch bedingter freier Umgang mit Sexualität, als Inbegriff der Fruchtbarkeit und des Lebens, schien an Reinheit zu verlieren. Sexualität wurde zum privaten Akt.

Die Rache der Göttin

In der verdrängten Rolle der Weiblichkeit scheint der Urspung aller bis dahin unbekannten bösen weiblichen Kräfte zu liegen. Allen Hochkulturen und allen Schöpfungsmythen scheint eines gemein: Durch das veränderte Frauenbild wurde eine neue mythische Gestalt geschaffen: die rächende Göttin und deren Vertreterinnen, die Priesterinnen und die Hexen. Die so genannte weiße und gute Magie bekam eine Gegenspielerin, die schwarze Magie. Sie wurde auch schon in den früheren sesshaften Kulturen bestraft und ihre menschliche Vertreterin mit Bann belegt. Die Zauberin, die Kinder töten, Tiere verenden lassen und Missernten bescheren konnte, war so unheimlich, dass ihr Ruf im Laufe der Zeit auch die spirituell hoch stehende gute Magie schädigte und das Hexenbild schuf, das viele Jahrhunderte später zur Zielscheibe eines unglaublichen Massenmordes wurde.

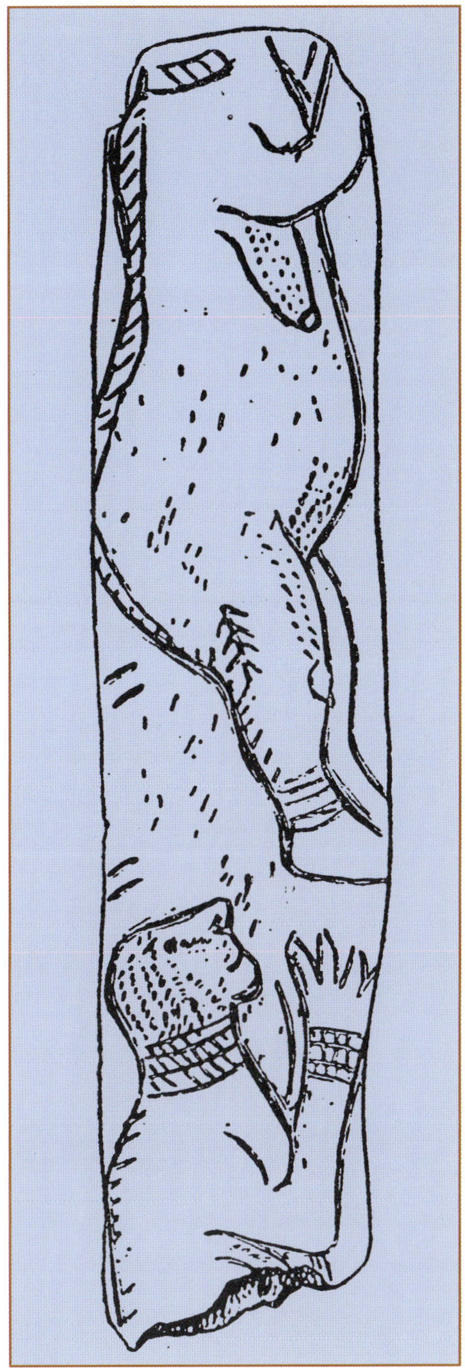

Die frühen Malereien zeigen allzu oft rein sexbezogene Szenen. Nicht verwunderlich, denn die umherziehenden Völker der Steinzeit legten keinen Wert auf eine Kinderschar, die das Weiterziehen nur behindert hätte, das sollte sich erst mit der Sesshaftigkeit ändern, als Kinder eine Gemeinschaft verstärkten. Die Frau ist Mittelpunkt der erotischen Begierde und auch als solche dargestellt. Mutter- und Kinddarstellungen, wie sie ein christliches Europa kennt, fehlten damals völlig.

Keltenkulte und germanische Mythen

Während im südlichen Europa die Völker Griechenlands und Italiens ihre größte Blütezeit entwickelten, lebten in Mitteleuropa die Kelten und in Nordeuropa die Germanen. Waren die kulturellen Errungenschaften der zeitgleich lebenden Kulturen Europas sehr unterschiedlich, so haben doch alle ausgeprägt pantheistische Religionen entwickelt: In allen Kulturen waren Vielgötterei, Hexerei, Zauberei und Priestertum ein Mittelpunkt religiösen und rituellen Lebens.

Die Pferdegöttin Epona wurde in der gesamten keltischen Welt, von der Donau bis nach Britannien, verehrt und als gallische Gottheit auch von den Römern geachtet. Sie stand für Fruchtbarkeit, Wasser, aber auch Tod und erinnert an das Bild der früheren Muttergottheit.

Die Kelten

Eines der geheimnisvollsten Völker der europäischen Antike waren mit Sicherheit die Kelten. Um 500 vor Christus siedelten sie in weiten Teilen des westlichen und südlichen Mitteleuropa. Sie hatten handwerklich erstaunliche Fertigkeiten und waren gute Krieger. Wenig ist von ihrer Kultur überliefert, die von einer eindrucksvollen Religion beherrscht wurde. Seltsame zauberkundige Frauen und Männer, Druiden und Druidinnen verwalteten das Recht der Götter. Konspirative Zusammenkünfte in Wäldern und Lichtungen, Tänze bei Mondenschein und das berühmte Mistelschneiden gehen auf diese Ursprünge zurück. Heilige Orte in der Bretagne und in Wales sind einige der wenigen Funde, die man von diesem geheimnisvollen Volk hat.

Keltische Mythologie

Das zersplitterte Siedlungsgebiet der Kelten brachte auch seine jeweils verschiedenen Gottheiten und Mythen hervor. Bis zur Eroberung keltischer Gebiete durch die Römer und Germanen hatten sie viele Fruchtbarkeitskulte entwickelt. So genannte Muttergottheiten, aber auch die Pferdegöttin Epona und die Bärengöttin Artio. Duch die Romanisierung wurden dann viele männliche Götter den lateinischen Gottheiten gleichgesetzt und den weiblichen Göttinnen vorangestellt. Die Inselkelten, die im Gebiet des heutigen Irland und Südengland lebten, entwickelten ihre eigenständigen Kulte, die weit in die Neuzeit hinein erhalten geblieben sind und in den Sagen um König Arthus (ca. 500 n. Chr.) noch einmal erblühten. Der Kern der keltischen Religiosität aber sind die Druiden.

Die Macht der Druiden

Im Laufe der keltischen Geschichte, bis zu ihrem Untergang ca. 500 v. Chr., bevölkerten die Kelten wahrscheinlich von 5 000 v. Chr. an den gallischen und britannischen Raum am intensivsten. Dort bildete die Priesterkaste der Druiden das Zentrum der Gemeinschaften. Sie übten Wahrsagekunst und Traumdeutung aus, waren Heil- und Sternkundige und stellten zugleich die Richter. Menschenopfer waren als Bestrafung, aber auch als Beschwörung gang und gäbe, weshalb dieser Glaube unter den römischen Befehlshabern dann später verboten wurde, allerdings im Untergrund fortbestand.

Die Druiden erzogen die Söhne hoch stehender Gemeindemitglieder. Wahrscheinlich ist, dass es zugleich Druiden und Druidinnen gab. So manche spätere Hexenhandlung hat ihren Ursprung in den Riten der keltischen Kultgemeinde, die in Irland noch viel länger bestand und dort während der Christianisierung im 4. Jahrhundert direkt in ein Mönchstum überging.

Keltische und germanische Bräuche

Die Bräuche der keltischen und germanischen Zauberinnen, das menschliche Mondopfer, nächtliche Tänze mit langen Stäben, Rechtsprechung und Bestrafung bei Neu- und Vollmond, Tierzauber durch Opfer und Verwandlung – all diese Riten wurden zu den späteren gefürchteten Praktiken der mittelalterlichen, verfolgten Hexe: Die Hexe geht nachts um, sie reitet auf Besen und streift rastlos in Tiergestalt oder -begleitung umher, sie liest in den Sternen und frisst kleine Kinder. Viele Hexenmysterien leiten sich von den kultischen Handlungen der keltischen Druiden ab. Die ursprünglich gebündelten Kräfte der Druiden, die mit ihren ausgebildeten spirituellen Fähigkeiten durchaus das Überleben ihres Stammes in der Hand hatten und mit hoher Sensibilität auf die Wunder der Natur eingehen konnten, wurden erst wieder im ausgehenden 20. Jahrhundert endeckt, als das Wort Spiritualität mit neuen Inhalten gefüllt wurde und das alte Naturwissen wieder ins Bewusstsein gerückt wurde.

Zeittafel

- **500 v. Chr. besiedeln die Kelten Mittel- und Westeuropa. Die ersten Städte und Verteidigungswälle entstehen. Der Druidenkult ist ihre Religion, der einen entscheidenden Einfluss auf den Hexenkult hat. Als barbarisch werden diese Stämme bei späteren Begegnungen mit den Römern bezeichnet.**
- **650 v. Chr. gründet der Legende nach Romulus aus einer etruskischen Siedlung Rom.**
- **386 v. Chr.: Die Kelten zerstören Rom. Nach dem Wiederaufbau entsteht das Römische Reich.**

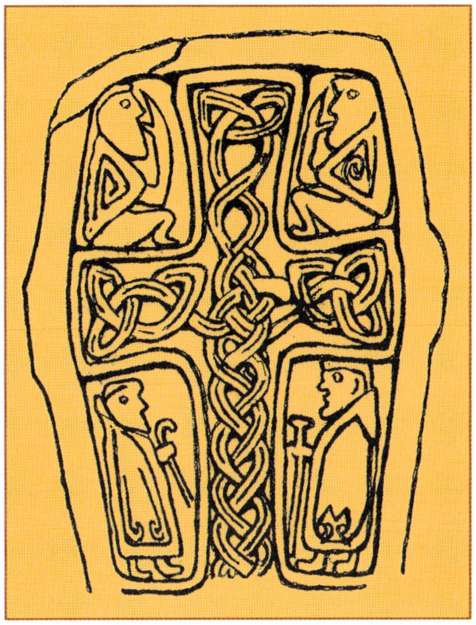

Die irische Sagenwelt ist voller Erzählungen über prophetische Frauen und Männer. Als einer der Weisesten gilt Finn. Er wird die mittelalterliche irische Sagenwelt prägen, seine Ursprünge liegen aber im 3. Jahrhundert v. Chr. Damals soll ein Knabe namens Finn beauftragt worden sein, einen Fisch zu kochen, dessen Fleisch ewige Weisheit überbringen sollte. Jedoch durfte die Haut des Fischs nicht verletzt werden. Als sich während des Kochens eine Blase auf der Haut bildete, drückte der Knabe sie mit dem bloßen Finger zurück, wobei er sich den Finger verbrannte. Er steckte den Finger in den Mund, um den Schmerz zu lindern, und augenblicklich entdeckte er, dass er die Gabe der ewigen Weisheit besaß. In diesem keltischen Kreuz ist die Gestalt in den oberen Ecken jener Finn.

Zeittafel

- 2000 v. Chr.: Indogermanische Stämme besiedeln den südlichen Raum, das heutige Griechenland.
- 1550 v. Chr. entsteht in Kreta die mykenische Kultur mit prächtigen Palastbauten.
- 800–500 v. Chr.: In der archaischen Zeit entstehen die Stadtstaaten Sparta und Athen, geprägt durch bedeutende Philosophen und Staatstheoretiker.
- 500–300 v. Chr. erlebt die griechische Hochkultur ihre klassische Zeit. Die Medizin ist weit über ein Kräuterwissen hinaus. Hippokrates veröffentlicht eine umfangreiche Gesundheitslehre. Die pantheistische Religion, deren komplizierte Götterwelt nach einem Archetypenprinzip geordnet ist, beeinflusst das gesamte kulturelle Schaffen: Homer dichtet die Ilias und die Odyssee. Die griechische Mythologie birgt viele Ursprungselemente des Hexenkultes, wie den Hekatekult.

Mystische Frauen der Antike

In der vorchristlichen Zeit hatten die Hexen und Zauberinnen hohes Ansehen. Die so genannte weiße, also gute Magie beeinflusste Naturreligion und Heilwesen. Mit der Zunahme des Patriarchats schwand der Einfluss der weisen Frauen allerdings. Kaum ein Beispiel zeigt dies so eindringlich wie die Frauen- und weiblichen Göttergestalten der griechischen Antike.

Griechischer Schöpfungsmythos

Die griechische Mythologie nimmt ihren Ursprung mit einer weiblichen Gottheit, der Großen Göttin. Sie wurde verehrt, angebetet, gefürchtet und galt als Hüterin des Herdes, der als frühestes Zentrum gesellschaftlichen Lebens gilt. Sie hatte zwei Liebhaber, allerdings ohne mit ihnen Nachkommen zu zeugen, denn die Vaterschaft hatte noch keinen Platz in der religiösen Gedankenwelt. Mutterschaft ist das früheste Mysterium der Menschheit und blieb dieser Urgöttin vorenthalten, um sie unantastbar zu machen. Mond und Sonne waren ihre Symbole, nach deren Lauf die Menschen ihr Leben einrichteten. Die drei Lebensabschnitte der Matriarchin wurden durch die drei Phasen zunehmender Mond, Vollmond und abnehmender Mond symbolisiert. Die drei Entsprechungen Mädchen, Nymphe, alte Frau wurden wiederum durch drei Göttinnen repräsentiert: Selene, Aphrodite und Hekate. In dem Augenblick, als Beischlaf und Zeugung und somit Mutterschaft in Zusammenhang gebracht wurden, schwand der Einfluss der Weiblichkeit und der Siegeszug des Patriarchats begann.

Die Raute ist ein Heilkraut, gegen Venenbeschwerden und Gebärmutterermüdung sowie gegen Atemnot und Hysterie. Das gewonnene Öl enthält Harze und Säuren und wirkt wie eine leichte Droge. Da das Wissen um Heilpflanzen meist den Frauen vorbehalten war, da ihnen die Geburtshilfe und Krankenbetreuung oblag, gerieten sie als Erste in den Verdacht, Hexenwisssen zu besitzen, denn aus vielen Pflanzen ließen sich durchaus Zaubertränke bereiten.

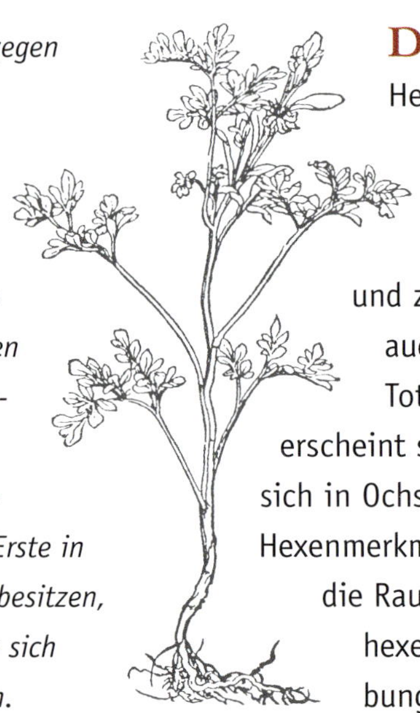

Der Hekate-Kult

Hekate, die alte Muttergöttin aus Kleinasien, deren einflussreichste Zeit während des göttlichen Matriarchats lag und die sich in einem vaterrechtlichen Griechenland nicht mehr zurechtfand, sammelte Zauberweiber um sich und zog mit ihnen rächend durch die finsteren Nächte. Sie war auch die Göttin der Unterwelt und regierte dort das Reich der Toten sowie die Seelen der Verstorbenen. In der Literatur erscheint sie mit einem ehernen und einem Eselsfuß und verwandelt sich in Ochsen und Maultiere. Schon hier sind die Anklänge an spätere Hexenmerkmale zu erkennen. Außerdem war das Hauskraut der Hekate die Rauke – diese Heilpflanze war sowohl Bestandteil des Kräuterhexenwissens als auch ein Kraut, das später zur Teufelsaustreibung verwendet wurde.

Heimat der Zauberweiber

Thessalien galt als Urstätte der Zauberweiber. Das Hexenwissen der thessalischen Frauen war berühmt und berüchtigt, zumal hier der Hekate-Kult besondere Blüten trieb. Mittels geheimer Salben sollen sich die Frauen in verschiedene Tiere verwandelt haben. Besondere Fähigkeiten entwickelten sie im so genannten Liebeszauber, der in der gesamten Antike verbreitet war. Die römische Entsprechung zu dieser Frauensekte war der Diana-Kult. Ihr huldigten viele Mädchen und Frauen als Priesterinnen, doch mit dem Verblassen der Ur-Mutterkulte wurden sie zu Nachtgestalten, deren Mächte finster und undurchsichtig waren. Bis in die römischen Provinzen gelangten ihre Anhängerinnen, sodass bis ins Mittelalter hinein in Gallien Diana-Jüngerinnen ihr Unwesen treiben. Als Begleiterinnen von Dämonen wurden sie wegen Kinder- und Tierschändung verfolgt.

Ein altes Hexenmittel: Verführung

In keinem griechischen Epos wird die weibliche Kraft der Verführung mehr ins Zauber- und Hexenreich gerückt als in Homers Odyssee. Auf seiner 10-jährigen Irrfahrt nach Hause begegnet der Suchende zahlreichen Verführerinnen, die ihn mittels Zaubermacht binden möchten: Sirenen, Circe, Kalypso und Nausikaa.
Alle vier haben ein reiches Repertoire des Liebeszaubers auf Lager. Die Sirenen lassen an ihren Ufern zerschellen, wer ihrem Ruf folgt, Circe verwandelt Männer in Tiere, Kalypso vereitelt jede Flucht, Nausikaa verführt durch Reichtum. Bis heute haben sich die Begriffe „Sirenengesang" „bezirzen" und „von jemandem besessen sein" im Sprachschatz der Liebe gehalten.

Hekate/Diana galt als die dreigesichtige Göttin der dunklen Künste. Oft wird sie mit den vier Insignien ihrer Macht gezeigt: der Schlange, dem Feuer, der Peitsche und dem Messer sowie der Dreigesichtigkeit für die Verwandlung.

Frauenkulte

Verführung, Hellseherei, aber auch Zerstörung sind wesentliche Bestandteile der antiken Hexenkultur. Gebündelte weibliche Energie, ob es die Bacchantinnen, die sich in rasender Leidenschaft in die Gefolgschaft des Lustgottes Bacchus begaben, oder eben die Hekate-Jüngerinnen, unter ihnen die zauberkundige und tragische Medea, waren, sie schrieben immer wieder den Stoff für die großen griechischen Tragödien und Mythen.

Zeittafel

- 40000 v. Chr. werden erste Kulturreste einer Besiedlung an den Nilterrassen in Ägypten gefunden.
- 5000 v. Chr.: Beginn der Sumerischen Kultur. Sie erfinden die Schrift und den Ackerbau.
- 3000 v. Chr.: Die Sumerer gründen Stadtstaaten, werden allerdings durch die semitischen Akkader unterworfen. Ein kulturelles Gesamtreich entsteht mit den Städten Ur und Uruk.
- 2900 v. Chr.: Beginn der Hochkultur Ägypten
- 2600 – 2100 v. Chr. entstehen die Pyramiden von Gizeh.
- Ab 1950 v. Chr.: Zerfall des sumerischen Reiches und Herausbilden einer Vormachtstellung der Stadt Babylon. Eroberung des Landes durch die Assyrer.
- 1550 v. Chr.: Bau der Tempel von Karnak, Luxor und Theben und Ägypten steigt zur Weltmacht auf.
- 605 v. Chr.: Unter Nebukadnezar II. entsteht das neubabylonische Reich. In diese Periode fallen die Babylonische Gefangenschaft der Juden nach ihrer Unterwerfung durch Nebukadnezar, der Bau des Turms zu Babel, die Hängenden Gärten der Semiramis und die auf architektonischem, kulturellem und wirtschaftlichem Gebiet herausragende Weltstadt Babylon.

Göttinnen des Alten Orients

Im 5. Jahrtausend v. Chr. begannen die Völker des Alten Orients, Dörfer zu errichten und eine Agrarwirtschaft aufzubauen. Durch die Aufteilung der Arbeit – die Frauen waren für Aussaat und Ernte, für Nahrungszubreitung sowie für das Erstellen der Kleider verantwortlich, neben ihrer ureigensten Aufgabe, Kinder zu gebären und sie großzuziehen ergab sich für sie eine neue Stellung: Sie waren den Männern, die auszogen, um zu jagen, ebenbürtig, da auch sie zu gleichen, wenn nicht sogar zu größeren Teilen für die Nahrungsbeschaffung zuständig waren. Je landwirtschaftlich nutzbarer, sprich fruchtbarer ein Land war, umso höher war die Stellung der Frau.

Land zwischen Euphrat und Tigris

Um 4000 v. Chr. ließ sich in den sumpfigen Niederungen zwischen den beiden Flüssen Euphrat und Tigris das Volk der Sumerer nieder. Sie kultivierten den fruchtbaren Boden, der alljährlich von den beiden Flüssen überschwemmt und mit neuem Schlamm angereichert wurde. Das Land am Golf von Persien hieß Mesopotamien und gilt als die Wiege des Ackerbaus, des Tempelwesens und schließlich der Schrift. Neben ihrer Agrarwirtschaft erfanden die Sumerer die sonnengebrannten Lehmziegel, aus denen sie die ersten uns bekannten Tempel schufen. Sie entwickelten dazu eine stufenförmige Pyramidenbauweise und schufen so die so genannten Zikkurate. Symbolisch sollten diese in den Himmel ragenden Stufen die Erdgöttin mit den Himmelsgöttern verbinden. Die Sumerer waren so erfolgreich, dass zahlreiche majestätische Handelsstädte entstanden – die wohl berühmteste ist die sagenhafte Stadt Ur. Alle diese Städte hatten einen Herrscher, der mit der Erdgöttin gleichgesetzt wurde. Nach der Einwanderung semitischer Völker, die ihren Einfluss auch religiös geltend machten, ging aus dem kulturellen Erbe der Sumerer das Babylonische Reich hervor. Ausgestattet mit der sumerischen Keilschrift, dem Zahlensystem und den Glaubensregeln, entwickelten die Babylonier ein hoch stehendes Geistesleben. Die babylonische Rechtsprechung beeinflusste den gesamten vorderasiatischen Raum. Ihre weiterentwickelte Religion wurde durch die Göttin Ischtar, der babylonischen Entsprechung zu der erotischen Inanna, geprägt.

Die Ägypter

Schließlich folgten in den darauf folgenden Jahrtausenden viele Volksstämme des Alten Orient, von Anatolien im Norden bis Ägypten im Süden, von der Mittelmeerküste bis Persien, dem kulturellen Beispiel der Sumerer. Über-

all war die vorherrschende mythische Gestalt die Göttin. Sie war die Verkörperung von Raum und Zeit, von Materie und Geist, von Lebensanfang und -ende. Schließlich kam es durch den aufkommenden Handel zwischen den orientalischen Völkern zu einer Verschmelzung der Gottheiten. Der Schöpfungsmythos der Ägypter der in der Zeit ab ca. 2900 v. Chr. entstand, wurde durch die Urgöttin Nut geprägt, in den darauf folgenden Dynastien durch die Abkömmlinge Nuts, der Isis und deren Bruder Osiris. Sie konnten durch ihre Magie neues Leben hervorbringen. Ihnen waren zahllose Riten geweiht und die Pharaonen, die Könige des alten Ägypten, waren ihre irdischen Vertreter. So kam es auch zu den ungeheuren, sowohl architektonisch als auch religiös motivierten, imponierenden Weltwundern – den großen Pyramiden von Gizeh und dem Friedhof der königlichen Familie im Tal der Könige. Der ungeheure Aufwand bei den Bestattungen der Toten, den Einbalsamierungen, dem Mumienkult und den menschlichen und materiellen Grabbeigaben spiegelt ein hoch entwickeltes Geistes- und Ritenleben wieder, dessen weibliche Göttinnen uneingeschränkten Einfluss auf das Leben alles Irdischen haben. Im biblischen Land Kanaan, so die historische Bezeichnung für die syrisch-palästinensische Küste und laut Altem Testament das gesamte Land westlich des Jordan, hieß die Muttergottheit Astarte oder Anat. Erst durch den Einfluss anderer, kriegerischer Kulturen aus dem Norden wich die Verehrung der Muttergottheit langsam einem neuen Weltbild.

Der ägyptische Osiriskult, der noch die römische Kultur beeinflusst hat, wird auch als Phalluskult bezeichnet und erscheint deswegen nicht als weiblicher Mythos. Dennoch liegen seine Ursprünge bei einer Mutterreligion, was auch seine Zuständigkeit für die Ernte deutlich macht. Hier in diesem Reliefbild sprießt aus dem Körper des Osiris die neue Saat.

Sumerische Götterwelt

Der Himmelsgott An herrschte über den Gott des Sturms Enlil. Die große Göttin Ninhursag war die Gebärerin aller anderen Götter. Der Gott der Erde Enki regierte die Welt der Menschen und Tiere. Seine Mutter war die große Göttin Nammu, die dem Himmel und der Erde das Leben gab. Die sumerische Schöpfungsmythos lässt Erde und Himmel miteinander verbunden sein, bis der Gott der Stürme sie trennte. Schließlich streute er die Menschen wie Getreidesamen auf die Erde. Die Göttin der Unterwelt Ereschgikal beherrschte die Toten – sie lebten bei ihr weiter. Eine Göttin der sumerischen Götterfamilie hat den Priesterinnenkult ganz entscheidend geprägt: Inanna, die Göttin des Himmels. Sie liebte alle Männer und paarte sich mit ihnen. Sie konnte Männer in Frauen und Frauen in Männer verwandeln. Der Granatapfel war ihre Frucht. Als Inanna in der Unterwelt von Ereschgikal getötet wurde, erstarb auf der Erde alles sexuelle Verlangen. Daraufhin ließ der Erdengott Enki Leben spendendes Wasser durch zwei Schamanen über Inanna gießen. Wieder erwacht, kehrte sie auf die Erde zurück. Die Preisterinnen der Inanna begrüßten seither einmal im Jahr den König, der sie zur heiligen Hochzeit erwartete. Inannas Erbe setzt sich in zahlreichen Fruchtbarkeitskulten des gesamten vorderasiatischen Raumes fort und deckt sich mit vielen mythologischen Erzählungen anderer Kulturkreise.

Die von Athene in ein Monstrum verwandelte Medusa, die Gorgone Medusa, wurde von derselben Athene auch als Schutzschild an ihrem Panzer befestigt. Ihr magischer Blick sollte als Abwehrzauber dienen.

Schwinden der weiblichen Macht

Durch die Vermischung verschiedener Völker, Einwanderungen und Inbesitznahmen änderte sich das Ansehen der Großen Göttin in den Mythen der alten orientalischen Völker sehr. Die ausgesprochen weiblich orientierten Religionen, die das weibliche Priestertum und die erotische Magierin hervorgebracht hatten, verloren an Einfluss und die Stellung der Frau änderte sich. Wäre diese mythologische Sicht geblieben, die zur Prägung der europäischen Kultur beitrug, so hätte das Bild der Hexe zur Zeit der großen Verfolgung zweifellos anders ausgeschaut.

Invasoren

In die in so friedlichem Einvernehmen mit der Natur lebenden Völker Babylons und Ägyptens drangen semitische Kriegsstämme ein. Aus dem südlichen Europa und aus Russland kamen indogermanische und hellenische Invasoren, die aus Jägergesellschaften hervorgegangen waren. Die Eindringlinge taten alles erdenklich Mögliche, um die bestehenden Gesellschaften zu unterwerfen und zu verändern. Eines der einflussreichsten Mittel dafür war zweifellos die Religion. So unterdrückten sie allmählich die weiblich ausgerichteten Mythologien und setzten an ihre Stelle ihre männlichen, kriegerischen Göttermänner wie Jahwe und Zeus. Im Lauf dieser Veränderung kamen immer wieder neue Legenden vom Kampf zwischen den Göttern hinzu. Die ursprünglich gut gesinnten weiblichen Gottheiten wurden in ein Licht gerückt, das ihnen Hinterlistigkeit und Bosheit unterstellte. Zum Beispiel wurde Tiamat, die Urgöttin der Babylonier plötzlich als Bedrohung für die ganze Welt dargestellt und der ursprünglich hoch verehrten Ischtar wurde ihr Sohn und Gemahl Tammuz vorangestellt. Jahwe, der Gott Israels, triumphierte in der Bibel über Leviathan, der ausgesprochene Züge einer urweiblichen Gottheit trägt. Oder die weiblichen Gottheiten wurden in der mythologischen Erzählung mit den männlichen Göttern der Invaso-

Der Besen der Hexen

Die auf einem Besen reitende Hexe auf ihrem Nachtflug ist ein weit verbreitetes Bild und wird unweigerlich mit dem Begriff Hexe in Verbindung gebracht. Diese Vorstellung hat durchaus historische Vorbilder. Ursprünglich als weibliches Gegenstück zum Stab des Moses konzipiert, der damit das Rote Meer teilte, findet sich der Tanz mit dem Stab schon in vielen frühen Kulturen. Im alten Rom schließlich benutzten die hoch geachteten Hebammen einen Besen zum Fegen der Türschwellen der Häuser, in denen gerade ein Kind geboren wurde. Damit sollten böse Geister vertrieben werden. Und auch später war es unter Zigeunern lange Zeit üblich, dass die Frischvermählten bei Hochzeiten über einen Besen springend ihr neues Heim betraten – auch bei diesem Brauch sollte durch das Nichtberühren der Türschwelle (wo sich Dämonen, Geister und böser Fluch gerne aufhielten) das Böse vom Hausinneren fern gehalten werden. In dem heutigen Wicca-Kulten wird das „Über-den-Besen-springen" als Verlobungszeremonie gesehen.

ren verheiratet und somit ihres Einflusses beraubt. All diese Darstellungen der vernichteten, zurückgedrängten oder mit negativen Eigenschaften behafteten Göttin gehen aus den Überlieferungen des Alten und Neuen Testaments sowie aus den griechischen Sagen und den Mythen des alten Roms hervor. Ein weiteres, neues Element aus der Zeit der schwindenden weiblichen Gottheit ist der Heros. In göttlicher oder menschlicher Erscheinung vernichtet dieser die bedrohliche Erscheinung der übermächtigen Weiblichkeit und möchte dann die Menschheit beherrschen.

Lilith, Adam und Eva

Kaum eine Umdeutung der alten guten Muttergottheit fiel so radikal aus wie die Legende von Lilith. So besagt ein alter hebräischer Mythos, dass Lilith vor Eva als Weib für Adam im Paradies geschaffen wurde. Leider war sie so widerspenstig, dass ein „friedliches" Zusammenleben mit ihr unmöglich war – was so viel hieß, dass es Adam nicht gelang, Lilith zu unterwerfen oder gar mit ihr die ehelichen Pflichten zu vollziehen. Sie floh schließlich mit Hilfe von drei Engeln ans Rote Meer, wo sie in schneller Folge eine Unzahl von Dämonen gebar. Mit dieser teuflischen Brut wollte sie nicht mehr ins Paradies zurückkehren, sondern die Erde unsicher machen.
Im Griechenland der vorhomerischen Zeit, in den großen Kulturen Kretas und Zyperns hatte die große Muttergöttin hohes Ansehen, bis auch dorthin der Einfluss der männerorientierten Religionen drang und die weiblichen Gottheiten der Homerischen Mythologie zu finsteren, Furcht erregenden Charakteren wurden, die an den Mythos der späteren europäischen Hexen erinnern. Trotzdem vollzog sich die Demontage der weiblichen Gottheiten langsam und allmählich, und sowohl in der römischen wie auch in der griechischen Mythologie gab es zugleich gute (Aphrodite und Athene) und böse Göttinnen (Hekate und Medusa).

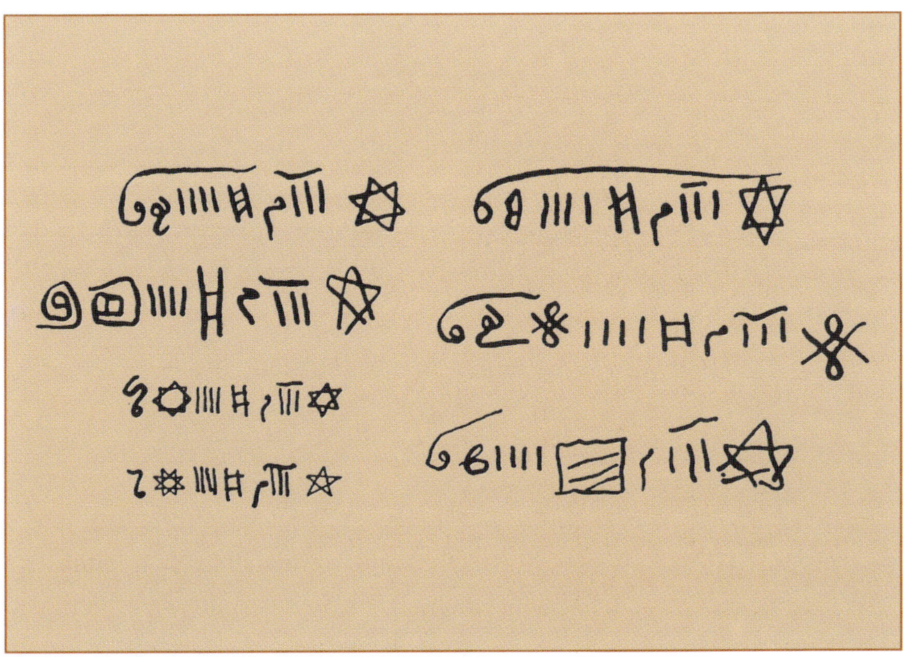

Der Zauber der Medusa

Immer wieder haben Frauen oder Bräuche der griechischen und römischen Antike das Bild der späteren Hexen beeinflusst. Eine davon ist die Medusa. Als eine der drei sogenannten Gorgonen (schlangenhaarige Ungeheuer) verwandelte sie alle bei ihrem Anblick in Stein. Trotz dieser zerstörerischen Kraft trug sie ein Leben spendendes Element in sich. Nach ihrem Tod durch den Krieger Perseus, der ihr das schlangenumwundene Haupt abschlug (das Haupt der Medusa), übergab Athene diesen Kopf dem Gott der

Heilkunst, Asklepios. Er fing das Blut auf und vermochte mit dem Blut der linken Seite seine Feinde zu töten, das Blut der rechten Seite aber hatte heilende Wirkung und konnte Tote wieder zum Leben erwecken.

In den späteren christlichen Mythen vom Sieg des Guten über das Böse findet man immer wieder Anspielungen auf die Medusa. Viele frühchristliche so genannte Verträge sollen Zauber verhindern. Dieses Amulett, das als „Salomonisches Siegel" bezeichnet wird, wurde mit einer Kindbettdämonin geschlossen, um sie zu einem Verzicht auf das Kindertöten zu verpflichten.

Römisches Reich und Christentum

In der römischen Antike wurden Fruchtbarkeitssymbole wie die weiblichen Geschlechtsmerkmale und Kopulationsgesten verwendet, um den die Fruchtbarkeit bedrohenden Neidblick abzuwenden.

Das römische Reich hat den Hexenkult schon in sehr detaillierter Weise in eine Richtung geformt, die Ausgangspunkt zu dem berüchtigten Hexenbild des Mittelalters war. Mit der Christianisierung trafen zwei Kulturen aufeinander, die nicht ohne Folge auf die magischen, rituellen und spirituellen Gepflogenheiten der nun als heidnisch betrachteten Religionen blieben.

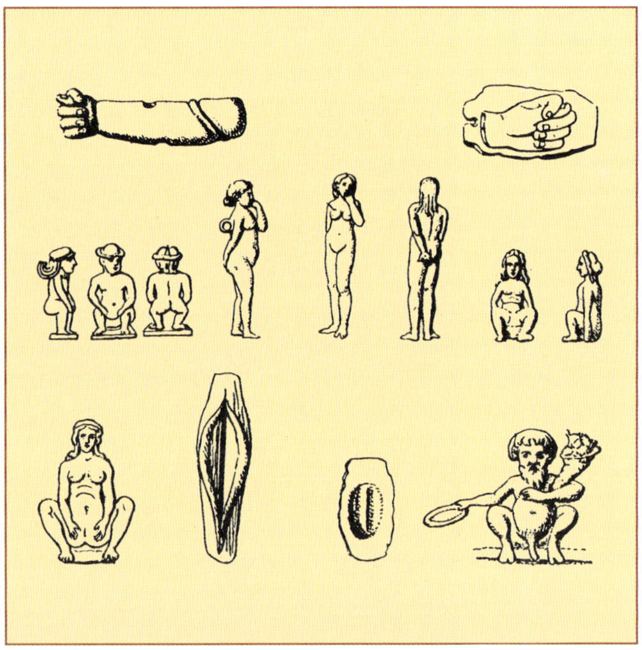

Römisches Recht und Hexerei

Zwar gab es im römischen Recht keinen Verweis darauf, wie mit den so genannten Strigen zu verfahren sei, sehr wohl aber genaue Anweisungen die weiße und schwarze Magie betreffend. Erstere wurde akzeptiert, letztere wurde geahndet wie jede andere Personen und Besitz schädigende Tat. Ausnahme war jedwede magische Handlung, die gegen den römischen Staat oder Kaiser gerichtet war. Die außerordentlich rigide Bestrafung der Schadensmagie hatte sicherlich Einfluss auf die exzessive Hexenjagd im Mittelalter, auch wenn bis dahin noch über 1000 Jahre vergehen sollten.

Christenverfolgung und Heidentum

Nero (37–68 n. Chr.), der berüchtigte Kaiser Roms, setzte, nachdem 64 n. Chr. ein großer Teil Roms in Flammen auf-

Striga

Lateinisch hieß die Eule „strix", die Mehrzahl „striga"; dasselbe Wort hatte auch die Bedeutung „Hexe". Ovid, der große römische Dichter (43 v. Chr. – 17 n. Chr.) beschrieb, dass Eulen den Tod ankündigten. Flog eine Eule in ein Gebäude so wurde dieses anschließend mit Schwefel gereinigt, um das Böse abzuwenden. Sicherlich spielten das flache geheimnisvolle Gesicht der Eule und ihr menschenähnlicher Schrei eine Rolle bei der Legendenbildung. Der Glaube an die Furcht einflößende Eule ging so weit, dass die Begleiterinnen der Jagd- und Fruchtbarkeitsgöttin Diana, nachdem sich ihr Bild in das der rächenden Göttin verwandelt hatte, als Strigen betitelt wurden. Sie rasten durch die Nacht und meuchelten Kinder. Wahrscheinlich ist, dass die Vostellung von den Strigen von den frühen germanischen Völkern nach Rom gelangte, wo sie dann zu Lebzeiten Jesu allgemein bekannt war. Als Mittel gegen den Strigenzauber riet Ovid, Ferkeleingeweide auf die Stufen der Kinderzimmer zu legen. Jahre später definierte der römische Grammatiker Festus die Strigen als „Frauen, die Zauberei praktizierten und als fliegende Frauen bezeichnet werden". Die Verknüpfung der Eule mit Hexerei setzte sich im Mittelalter endgültig fest und wurde so, neben dem Besen, zum festen Bestandteil eines klassischen Hexenbildes.

gegangen war, zur ersten groß angelegten Christenvefolgung an, um den Verdacht der Brandstiftung von sich abzulenken. In den darauf folgenden Jahrhunderten fanden im gesamten römischen Reich Christenverfolgungen statt. Sie wurden als Staatsfeind Nummer eins gesehen. Erst Kaiser Konstantin (313) erließ ein Toleranzedikt, wonach das Christentum als erlaubte Religion anerkannt wurde.
Bis zum Untergang des römischen Reichs verstand man unter Hexe nichts anderes als jemanden, der magische Praktiken anwandte, was nicht ungewöhnlich war. Da der weiße Zauber durchaus ein gängiges Mittel war, um Schaden von Landwirtschaft, Haus und Menschen abzuhalten, so gab es natürlich immer Menschen, die sich mit Hilfe der Magie einen Vorteil zu verschaffen versuchten. Dass sie Dämonen vereehrten, ist allerdings mehr als unwahrscheinlich. Auch in den anderen Kulturen Europas, die zu Zeiten des römischen Reichs lebten, bei den Kelten und bei den Teutonen, war die magische Doppelfähigkeit bekannt, Gutes zu erwirken und Böses zu schaffen. So formten die alten Teutonenstämme zum Beispiel aus Wachs kleine Ebenbilder ihrer Feinde, die sie durchbohrten oder auf andere rituell nachgestellte Weise umbrachten. Dieses Verfahren des Schadenszaubers findet man bis heute in dem ursprünglich afrikanischen Voodoo-Kult.

Zeiten der Toleranz und der Verfolgung

In den ersten 500 Jahren n. Chr. bestanden die heidnischen und christlichen Bräuche relativ ebenbürtig nebeneinander, bis eine in der christlichen Lehre angelegte Ablehnung alles Dämonischen langsam eine Wende in der uralten Akzeptanz des Hexenglaubens brachte. Bis dahin aber erfuhr die Bestrafung des bösen Zaubers sogar noch mal eine Abmilderung. War bis zum 5. Jahrhundert n. Chr. die Bestrafung böser Magie meist mit Todesfolge verbunden, so lockerte sich sogar dieses Gesetz. Bei den salischen Franken im heutigen Frankreich wurde für nachgewiesenen Schaden seitens einer Hexe nur Bußgeld erhoben, den die Familie der Hexe zu entrichten hatte. Die Todesstrafe durch Scheiterhaufen erfolgte „nur“, wenn die angebliche Hexe sich als schuldig bekannte, eine Leibeigene war oder das Bußgeld nicht aufbringen konnte. Gleichzeitig sah das salische Recht ein Gesetz vor, das unschuldige Menschen vor Bezichtigung schützen sollte. Wer jemanden ungerechtfertigt als Hexe bezeichnete, musste hohes Bußgeld bezahlen.
Diese Rechstsprechung war noch weitgehend ohne christlichen Einfluss, so hieß es doch in ihrem Gesetzbuch: „...noch soll ein Christ überhaupt in Erwägung ziehen, dass eine Frau einen lebenden Mann von innen auffressen kann.“ Leider hielten sich solche toleranten Anschauungen nicht lange und als das Christentum zu seinem Siegeszug antrat, forderte es von seinen Anhängern absolute Loyalität und das Ablegen sämtlicher vorangegangener heidnischer Bräuche.

Das heilige Tier der Hexen: Katzen

Die Verehrung der Katze geht bis auf die Ägypter zurück. Sie setzten ursprünglich Katzen als Wächter der Kornkammern ein und sicherten damit die Vorräte vor Schädlingen. So hoch wurde aus diesem Nutzen die Verehrung, dass die Katze zum großen heiligen Tier der Ägypter wurde, was die eigens für Katzen angelegten Friedhöfe der alten Ägypter beweisen. Die römische Göttin Diana soll bisweilen in Katzengestalt erschienen sein und die nordische Göttin Freya fuhr in einem Katzengespann. Mit der Christianisierung wurde dieser Verehrung ein Ende gesetzt. Als Relikt aus heidnischer Zeit wurde die Katze als dämonisch erklärt. Bis ins 17. Jahrhundert kamen bei den Hexenprozessen immer wieder Katzen ins Spiel, die mit dem Teufel in Verbindung gebracht wurden. Sie wurden meisten mit den verurteilten Hexen verbrannt.

Mit der Christianisierung setzte zwar eine Verfolgung aller heidnischen Bräuche ein. Aber bis zur endgültigen Durchsetzung um 500 n. Chr. und auch noch weitere 500 Jahre später waren die weiße Magie und Schadenszauber ein fester Bestandteil der vormittelalterlichen Gesellschaften in Europa. Besonders in Nordeuropa hielten sich lange die Riten keltischen und germanischen sowie nordischen Ursprungs.

Heilerin und

Dämonin

Die junge Kirche

Als das Christentum sich anschickte die heidnischen Gottheiten auszurotten, verhielt es sich wie einst die Heiden dem Christentum gegenüber: Auch sie bezichtigten die Christen der scheußlichsten Orgien, der sexuellen Unzucht und des Kindermords. Gerade dies waren auch die Anschuldigungen, die nun die Christen den Heiden gegenüber ins Feld führten.

Die Frauen trifft es als Erste

Gerade die Frauen, die in den Naturreligionen als Trägerinnen der Fruchtbarkeit und naturnaher Weisheit gesehen wurden, gerieten nun ins Zwielicht. Das Christentum, das eine geistige, asexuelle Lehre vorsah, konnte die erotische, weibliche Mythologie nicht akzeptieren. Um die Richtigkeit der christlichen Lehre zu untermauern, beschäftigten sich eine Reihe von lateinischen Kirchenphilosophen mit der Darstellung des Teuflischen und Dämonischen. Dabei bezogen sie sich auf eine alttestamentarische Stelle, wo von Söhnen Gottes die Rede ist, die sich mit den Töchten der Menschen vereinigt hatten, um weitere Söhne zu zeugen. Der Kichenschriftsteller Laktanz (gestorben 317) schuf in diesem Sinne ein allgemeines Glaubensgut, das ein weiterer Schritt zur Verdammung alles Dämonischen war. Doch in den Anfängen der Christianisierung glaubte man, dass ein aufrechter Christ gegen die heidnische Verführung gefeit sei, was erklärt, warum in den ersten christlichen Jahrhunderten die Zauber- und Hexenverfolgung relativ harmlos ausfiel und der Hexenkult meist nur mit Exkommunizierung, Wallfahrten und Buße geahndet wurde.

Heiden als Ausgeburt des Teufels

Der Kirchenschriftsteller Laktanz hat um 300 in seinem Traktat zur Erklärung des Teuflischen alle Punkte vorweggenommen, die Jahrhunderte später den Richtern und Kirchenvertretern das argumentative Rüstzeug zur Vernichtung so vieler Menschen an die Hand geben sollten.
„Als sich die Zahl der Menschen gemehrt hatte, schickte Gott, damit sie nicht mit dem Teufel (dem er von Anfang an über die Erde Gewalt gegeben hatte) erliegen mögen, zu ihrem Schutze Engel auf die Erde. Diese Engel erlagen aber im Verkehr mit den Töchtern selbst, indem sie sich mit ihnen vermischten und Söhne zeugten. Daraufhin wurden die gefallenen Engel aus dem Himmel verstoßen, zu Dämonen des Teufels. Die von ihnen erzeugte dämonische Brut der zweiten Generation wird vom Volk malefici genannt. Das ganze Streben dieser Dämonen geht dahin, Gottes Reich zu zerstören und die Menschen zu schädigen. Zu diesem Zweck haben sie durch scheinbare Orakel und Wunder den Menschen den Wahn beigebracht, dass sie Götter wären, und haben das Heidentum mit seiner Mythologie und seinem Kultus geschaffen. Auch sind sie Urheber der Magie, Nekromantik, Haruspicin, der Auguralkunst und Astrologie."

Kirchenphantasie

Einen weiten Teil der frühen kirchlichen Literatur nimmt die Beschreibung von Dämonen ein. Aber auch hier ist noch

nicht vom Satan die Rede, sondern von Dämonen und Geistern. Noch ist die junge Kirche so von ihrem Glauben beflügelt und der Richtigkeit ihres Tuns, dass sie sich nicht gefährdet sieht durch Teuflisches oder Dämonisches, denn das gerade haben die jungen Gläubigen ja durch ihren Glauben überwunden. Auch waren sie viel zu sehr damit beschäftigt, Einfluss und Gläubige zu gewinnen, als ihre Energie der Verfolgung des Heidentums zu widmen. Es sind sogar Fälle bekannt, wo Priester und Mönche durchaus die heidnischen Bräuche mit in ihren Alltag aufnahmen, ohne daran etwas Schlechtes zu sehen. Ein weiteres Phänomen geht in die Schriften der ersten Kirchengelehrten ein: der Kult der Diana und der Herodias. So wird von Versammlungen der so genannten Nachtfrau, der Herodias, geredet, die noch um das Jahr 1000 Feiern samt Menschenopfer abgehalten haben soll, und von den Nachtflügen der Dianaanhängerinnen. Sehr früh tauchten also die fliegenden Hexen in der christlichen Literatur auf, allerding war der Hexenflug, der in den späteren Hexenprozessen so manches Urteil auslöste, noch nicht als Begriff etabliert. Allerdings gab die Kirche die Existenz der Malefizien, des Schadenszaubers, zu, begab sich damit aber in eine widersprüchliche Haltung. Die einen meinten, dass Malefizien sogar mit der Todesstrafe geahndet werden müssten, die anderen meinten durch Aufklärung dem Volk die Angst vor dem nicht vorhandenen Zauber nehmen zu können. Dennoch richtete sich die Rechtsprechung allmählich gegen jede Art von Zauber. Waren es im salischen Recht um 500 nur die Gift mischenden Zauberinnen, so weitete sich das Edikt unter Karl dem Großen und um 700 auch auf andere Gebiete aus. Leidtragende waren zu allen Zeiten die Frauen, denn es bestand von Anfang an ein Ungleichgewicht zwischen verfolgten Hexern und Hexen. Die Frauen, besonders die Kräuterkundigen, waren das erste Ziel der Verfolgung.

Hexenflug, Fegefeuer, weibliche Verderbtheit – all diese Merkmale bildeten sich mit dem zunehmenden Christentum heraus. Insbesondere die Einführung des Teufels brachte Zauberer und Hexen in Verruf. Die Vorstellung davon, wie die Welt auf allen Ebenen der Verführung ausgesetzt war, bildete eines der zentralen Motive der späteren mittelalterlichen Holzschnitte.

Frau Holle

Die Gebrüder Jakob und Wilhelm Grimm, die bedeutenden Sprachwissenschaftler des 19. Jahrhunderts, haben in einem ihrer Hauptwerke der „Großen Sammlung von Kinder- und Hausmärchen" den Mythos der Frau Holle als Märchen aufbereitet. So ist die Frau Holle in der Grimmschen Fassung eine Figur aus dem hessischen Volksglauben. Sie wacht über die Mägde und wenn es schneit, dann schüttelt Frau Holle ihre Betten aus. In einer anderen Version sind zwei Mädchen in den Diensten eines dämonischen Wesens (Troll, Hexe, Drache, Zwerg), die Gütige der beiden wird belohnt, die Faule wird bestraft.

Die weiße Frau des Nordens

Das nordische Gegenstück zur römischen Diana war die in der nordischen Mythologie verhaftete Holda. Zu ihrer Gefolgschaft zählten die Walküren, die Himmelskriegerinnen. Um diese nordische Götterwelt rankte sich das im 12. Jahrhundert aufgeschriebene Nibelungenlied, das auf Begebenheiten im 5. Jh. n. Chr. zurückgeht. Das mit seinen Ursprüngen auf die Edda (die altisländische Literatur), also weit in vorchristliche Zeit zurückreichende Epos hat nachhaltig das magische Verständnis der Menschen zur Natur, aber auch zu Macht, Liebe und Tod beeinflusst.

Frau Holle und Götter des Nordens

In den Ländern des Nordens wurden alle göttlichen Versammlungen von Holda, der göttlichen Geliebten des Gottes Odin, geleitet. Sie wachte über Äcker, Geburt, Haus und Hof und die Ehe. Von Landstrich zu Landstrich wurde Holda anders bezeichnet, mal als Holle, als Frau Hoff, dann auch wieder als Freya, als Frau Berta oder Perchta. Besonders in den kalten Jahreszeiten war Holda tätig, wenn sie zur Zeit der Wintersonnwende auszog, um die Sonne wieder zu beleben und die Ernte fürs neue Jahr zu sichern. Das spätere Märchen der Frau Holle geht auf diese große Magierin zurück. Diese eigentlich mütterlich beschützende Göttin schüttelte ihr Kissen aus und ließ die Schneeflocken aufs Land fallen, was den Boden fruchtbar machte. Sie konnte sich aber genauso in eine hässliche, alte Frau mit spitzer Nase verwandeln, die Unheil brachte, wenn sie in Zorn geriet. Und damit kann der Bogen zu den keltischen Überlieferungen geschlagen werden. Denn bei ihnen wurden die Götinnen durchaus in der Kriegskunst eingesetzt. So sollen sie die keltischen Armeen bei ihren Kriegszügen mit magischen Kräften unterstützt haben. Auf den britischen Inseln, wo das keltische Erbe bis zu einem fast übergangslosen Wechsel in ein strenges Mönchstum überdauerte, beeinflusste es lange noch die Sagenwelt und Literatur.

Gute und böse Wesen

In der gesamten europäischen Sagenwelt haben aber neben den großen Magierinnen auch andere Gestalten des guten und schlechten Zaubers Platz. Die guten Lichtelben, die sich dem Menschen gegenüber als gütig und hilfsbereit erweisen, stehen den Truten und Schrätels gegenüber, die den nächtlichen Alpdruck erzeugen. Wunderbare Feen bringen Linderung bei Krankheit und achten Tiere und Pflanzen. Alle regionalen Volksdichtungen,

deren Ursprünge in der Zeit des ersten Jahrtausends liegen, bringen solche Figuren hervor. Die Königin all dieser Wesen hat immer einen Namen: Frau Holda oder auch süddeutsch Brechta. Die Gebrüder Grimm haben sie später in ihren Märchen der Dame Habonde zur Seite gestellt, von der der Bischof von Paris 1248 zu berichten weiß: „Sie erschien in bestimmten Nächten zusammen mit anderen Frauen in weiße Kleider gehüllt, in den Häusern der Menschen, um dort zu essen." Zwei Jahrhunderte früher hatte der Bischof zu Worms aus Holda bereits eine, nach christlichen Maßstäben, dämonische Figur gemacht: „Glaubst du, dass es irgendeine Frau gibt, die das Volk Holda nennt, während der Nacht auf gewissen Tieren reitet, in Begleitung von Teufeln, die in Frauen verwandelt sind, wie es einige vom Teufel getäuschte Leute behaupten? Wenn du solches glaubst, musst du ein Jahr lang an den angezeigten Tagen Buße tun."
In diesen Aufzeichnungen offenbart sich das gesamte kommende Drama um Dämonen, Hexen und Teufel, das schon bald danach eine brennende Schneise durch Europa ziehen sollte.

Die reitende Frau, die von dämonischen Vögeln begleitet wird, ist das klassische Abbild einer Hexe. Aber auch den Göttinnen des Nordens, den Feen, Elben, Naturgeistern und Walküren sollen solche Eigenschaften nachgesagt werden. Dieses Bild der reitenden, fliegenden Frau entspricht vollkommen dem Einssein mit der Natur und deren Gewalten.

Sagen, Magie und Zeremonien

Die tiefe Verwobenheit des Hexen- und Magiertums mit der Natur spiegelt sich besonders schön in der floralen Formensprache keltischer Ornamente wieder.

Manche Gesellschaften waren besonders von Magie beseelt. So hat sich im britischen Raum das kultische Erbe der Kelten bis weit ins 10. Jahrhundert erhalten. Zahlreiche Legenden, Überlieferungen und Sagen belegen den starken Einfluss der weiblichen Magie und der Zauberei.

Der König von Irland

Neben den Gottheiten der Britischen Inseln lebte einträchtig eine große Zahl von Nymphen und Geistern. In einigen der überlieferten Geschichten nehmen diese wundersamen Erscheinungen erstaunlich oft das Aussehen der späteren Klischeevorstellung einer Hexe an. Ein Beispiel dafür liefert die Sage von Niall, dem Sohn eines frühen Königs von Irland. Niall war eines Tages mit seinen vier Brüdern auf der Jagd. Um ihren Dust zu löschen, rasteten sie an einer Quelle. Plötzlich stand an der Wasserstelle ein hässliches, altes Weib vor ihnen. „Sie war so schwarz wie Kohle und ihre Haare waren wie der Schwanz eines wilden Pferdes. Ihre faulen Zähne waren von einem Ohr zum anderen sichtbar und wirkten so scharf, als könnten sie den Ast einer jungen Esche durchtrennen. Ihre Augen waren schwarz, die Nase krumm und gebogen. Ihr hagerer Körper war gebeugt und voller Schwären. Ihre Beine waren krumm, die Knie und Gelenke dick und die Fingernägel lang und grün. Diese abstoßende Kreatur verlangte nun von jedem der jungen Prinzen einen Kuss als Gegenleistung für das frische Quellwasser. Angewidert weigerten sich alle, dies zu tun, bis auf Niall. Er spürte wahrscheinlich als Einziger, dass hier Magie im Spiel war, und gab der Alten den geforderten Kuss. Augenblicklich verwandelte sich die abstoßende Hexe in eine zauberhaft schöne, junge Frau." Die Nähe zu dem in späteren Jahrhunderten geschaffenen Märchen des Froschkönigs ist sichtbar, wie überhaupt viele Märchen ihren Ursprung in den rituell geprägten Zeiten der Naturgottheiten haben.

Sprachentwicklung

Um 700 n. Chr. entwickelt sich die althochdeutsche Sprache, etwa zeitgleich auch Altnordisch und Altenglisch. Der Begriff Hexe kommt in allen Kulturen vor und hat in seiner Urbedeutung meist ähnliche Wurzeln:

- **hagazussa: althochdeutsch, weiblicher Zaungeist**
- **hegetisse: flämisch, Dämon**
- **tunridha: altnordisch, Zaunreiterin**
- **zunrite: oberdeutsch, Zaunreiterin**
- **lamia, strix, striga: lateinisch, weiblicher Dämon**
- **malefica: lateinisch, Schadenszauberin**

Aus dem mittelhochdeutschen „hexse" wurde schließlich das heute gebräuchliche Wort „Hexe"

Magie des Alltags

Im alltäglichen Leben der Kelten spielten aber solch magische und rituelle Handlungen eine ebenso große Rolle wie in der Sagenwelt. So zum Beispiel bei der Ernennung eines Königs. Ein Ritual ist dabei besonders hervorzuheben, da es sich bis weit ins 12. Jahrhundert gehalten hat. So war die Ernennung des Königs immer mit einem Fruchtbarkeitsritus verbunden – die rituelle Paarung des zukünftigen Königs mit der verehrten Göttin in Gestalt einer weißen Stute. Auffallend ist, wie barbarisch dieses fremdartige Ritual abgehalten wurde, ohne dass es Aufsehen erregt hätte. So wurde die Stute im Anschluß an die rituelle Vereinigung umgehend getötet, in Stücke gehackt und in einem großen Kessel gekocht. Der neue Herrscher mußte dann in die Brühe steigen und von dem Pferdefleisch essen. Der Tradition gemäß durfte er die Brühe weder mit einer Tasse noch mit den Händen zum Mund führen, sondern musste sie wie ein Tier schlabbern. Hatte er seine „sündhaften Dinge“ vollbracht, so wurde berichtet, war er in seiner königlichen Würde und Autorität bestätigt.

Sinn der Sünde

Gleich zwei Merkmale der späteren Hexen lassen sich in diesen grausig anmutenden, aber wohl für die Gemeinschaft wichtigen Ritualen erkennen: die Verwandlung der magischen Frau in ein Tier und die Rolle von Blut bei rituellen Anlässen. Später sollte vor allem das Menstruationsblut der Frauen ein sündhaftes Merkmal sein, das mit dem Satan in Verbindung stand.
Das so genannte „Austoben“, bevor es „ernst“ wird, erinnert an den weit harmloseren, aber bis heute gebräuchlichen Ritus des Polterabends vor einer Hochzeit – auch hier soll den zukünftigen Ehepartnern noch einmal die Möglichkeit der „Sünde“ gegeben werden, damit dies in der Ehe nicht nachgeholt werden muss. Auf derselben Basis wurden die jungen keltischen Prinzen in Amt und Würden gesetzt – alles Unerklärliche, Magische, Sündige sollte in dem grausigen Zeremoniell „abgefeiert“ werden.

Pferde galten in der gesamten Zeit der Hexenverfolgung als magische Tiere, die durch Hexerei verzaubert waren. In einem Stich von Hans Baldung Grien wurde der Stallknecht während seiner Arbeit verhext. Sicher haben auch die vielen Sagen, die sich um Rituale mit Pferden ranken, ihren Anteil daran.

Der Teufelspakt

Die tiefe Beziehung zwischen Menschen und Geistern ist so alt wie die Menschheit selbst. Der Gedanke, dass aber beide auch eine geschlechtliche Verbindung mitinander haben könnten, kam erst mit der Christianisierung und da vor allem durch den Kirchenlehrer Augustinus (354–430) auf.

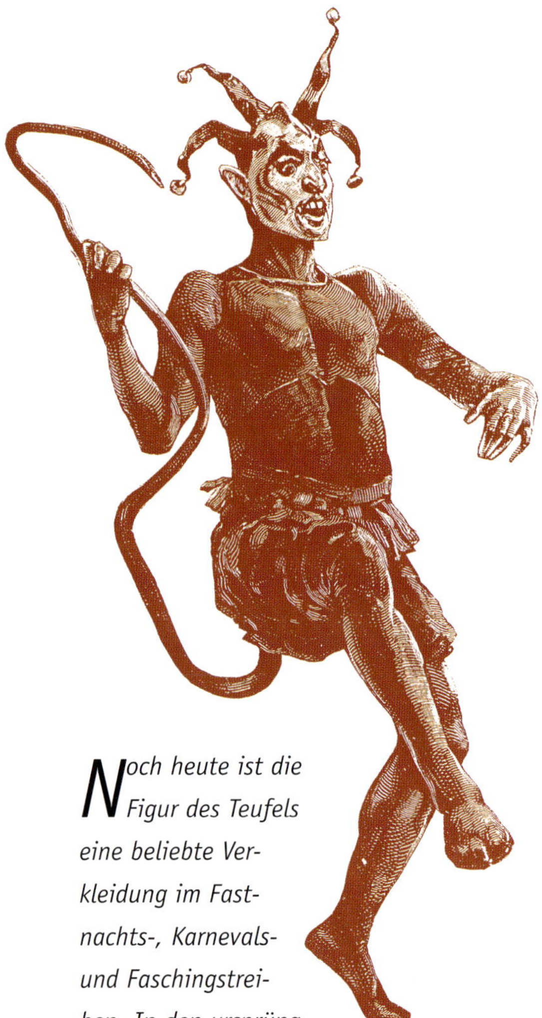

Noch heute ist die Figur des Teufels eine beliebte Verkleidung im Fastnachts-, Karnevals- und Faschingstreiben. In den ursprünglich heidnischen Brauch, mit schrecklichen Masken die Winterdämonen auszutreiben, konnten so gut christliche Elemente integriert werden.

Der Gegenspieler Gottes

War man bis zur Christianisierung der Meinung, dass das Böse in Dämonen und bösen Geistern zu finden sei, so konzentrierte sich die Furcht mit der Zunahme des christlichen Glaubens und seinen Lehrschriften auf eine einzige Gestalt: den Teufel. Der in Nordafrika und Italien lebende Kirchenlehrer Augustinus vertrat die Meinung, dass jede Art von Zauberei und abergläubischer Handlung auf einen Pakt mit den Dämonen schließen lasse. Augustinus Lehre vom Dämonenpakt wurde von anderen Kirchenlehrern aufgenommen und verbreitet. Sie sollte großen Einfluss auf die Hexenverfolgung haben. Der von 1225 bis 1274 lebende Thomas von Aquin griff nämlich die nunmehr 900 Jahre alte augustinische Vorstellung auf und verschärfte sie. Er bezeichnete den Teufel als das personifizierte Böse und unterstellte ihm jede schlechte Tat. Er erklärte, dass der Teufel verschiede-

Im Namen des Teufels

Satan, Beelzebub, Belial, Gottseibeiuns, Luzifer und noch viele regional verschiedene Ausdrücke lassen sich für den Teufel finden. Diese Vielfalt der Namen deutet auch auf die verschiedenen Gestalten hin, die dem Teufel unterstellt wurden. Seine Verwandlungskunst soll keine Grenzen gekannt haben. Zunächst nur mit Bocksfüßen, Flügeln, Vogelkrallen und Hörnern, Schwanz und Fell ausgestattet, wurde er in Verbindung mit den christlichen Heiligen gerne als Schlange oder Drachen dargestellt. Als Teufelswerk galt alles, was den Menschen unerklärlich schien und gleichzeitig bedrohlich war. Unerklärliches mit gutem Ausgang wurde als Wunder bezeichnet und kam von Gott.
Die mittelalterliche Frömmigkeit beschreibt ihn als „Herr der Hölle" und als „Vater der Lüge" (Joh. 8,44). Für Luther war der in den kirchlichen und weltlichen Strukturen präsente Teufel der Antichrist schlechthin. Auf die Austreibung des Teufels zielt der Exorzismus. Außerhalb des Christentums existierte der Teufel noch im Okkultismus und im Satanismus.

Der Teufelspakt

Johann Wolfgang von Goethe hat in seinem Werk „Faust“ die schon im Frühmittelalter weit verbreitete Vorstellung des Teufelspaktes beschrieben. Dabei verschreibt sich der Mensch dem Teufel, der ihm alle gewünschten zeitlichen Güter verschafft, aber im Gegenzug ihm die ewige Seligkeit raubt. Inbegriff der vom Teufelspakt beseelten Menschen waren die Hexen, die der Vorstellung nach ihrem unseeligen Leben auf Erden in der Hölle weiter ihr Unwesen treiben.

ne Gestalten annehmen konnte, auch menschliche. Deshalb konnte er auch Geschlechtsverkehr mit Menschen haben, aber keine Nachkommen zeugen. In der Verkleidung als attraktiver Pilger hatte der Teufel vor allem auf Frauen hohe Anziehungskraft. Aber auch als bocksfüßiger Gehörnter mit schwarzem Gesicht und Schwanz konnte der Teufel sein böses Werk auf Erden tun.

Pro und contra Magie

Thomas von Aquin, einer der einflussreichsten Männer innerhalb der mittelalterlichen Kulturgeschichte, hat mit seinen rigiden Lehren und Schreckensszenarien den Boden für die große Hexenverfolgung geschaffen. Denn auf seine Lehren ging der Glaube zurück, dass die Hexen im Pakt mit dem Teufel Elend, Krankheit und Tod verursachen würden. Im Pakt mit dem Teufel zu stehen war schließlich bei den Hexenprozessen auch der erste Anklagepunkt und das Eingeständnis das Ziel aller Folter. So wurde aus einem heidnischen Glauben die größte Bedrohung der christlichen Kirche. Während des ganzen Mittelalters und der frühen Neuzeit gab es in der Kirche alledings auch aufgeklärte Theologen, die nicht an die Existenz von Magie und Zauberei glaubten, das alles ins Reich der Phantasie hoben und es so auch nicht als Bedrohung auffassten. Aber sie konnten sich gegen die von der Kirche geschürte Furcht nicht durchsetzen.

Das in der mittelalterlichen Literatur häufige Motiv der Drachentötung ist oft eine Umschreibung für den Kampf gegen den Teufel.

Geburtshilfe in alten Tagen

Häufig trugen die Frauen Talismane und Amulette während der Schwangerschaft, um die Leibesfrucht zu schützen. Diese Helfer wurden während der Geburt auf Bauch und Schenkel der Gebärenden gelegt. Dieser Brauch stammt aus heidnischen Zeiten, wo hohle Steine mit kleinen Steinchen gefüllt wurden, die das Kind im Leib symbolisierten. Sie wurden Adlersteine genannt, da man sie angeblich in Adlerhorsten besonders häufig fand. Später sammelte sich in den so genannten Geburtssäckchen allerlei Gut aus heidnischer und christlicher Zeit. Die Geburtssäckchen bestanden aus mehreren Lagen Stoff und enthielten neben Medaillons, Rosenkranzperlen und Figurinen auch magische Formeln.

Die Heilkunde – Domäne der Frauen

Bis die erstem Universitäten gegründet und die ersten Stadtärzte eingeführt wurden, beides geschah erst im 13. Jahrhundert und da auch zunächst nur in Italien, haben sich die Frauen einer Gemeinschaft oder die erfahrenen Frauen einer Familie um die Gesundheit ihrer Angehörigen sowie der anderen Frauen gekümmert.

Geburtsheilkunde

Hebammen standen besonders in dem Ruf, magische Gaben zu haben, wurde doch mit ihrer Hilfe Leben geboren. Aber auch das Gegenteil, nämlich Leben nehmen zu können, wurde im Laufe der Zeit den oft sehr erfahrenen Frauen unterstellt. Lange Zeit, bis ins 18. Jahrhundert hinein, war es den Männern, auch den Ärzten, verboten, eine nackte Frau zu sehen. So war die Geburthilfe immer schon der Bereich der Frauen. Viele als Hebammen geschulte Frauen gaben ihr Wissen an ausgesuchte andere Frauen weiter. Durchaus gehörten zum Handwerkszeug einer guten Hebamme auch Zaubersprüche und Kräuterwissen. Dass diese Gabe zusammen mit der sowieso schon mystisch anmutenden Geburt den Schein des Magischen bekam, ist leicht nachzuvollziehen, zumal Geburt in früheren Zeiten immer eine Angelegenheit auf Leben und Tod war.

Die zur Hexe karikierte Hebamme, die auf einem Besen das Kind fortnimmt, setzte sich in der Vorstellung der christlichen Gesellschaft immer mehr fest.

Heilwissen ist Hexenwisen

War eine Frau in den Wehen, dann wurde die nächste weise Frau oder Hebemutter verständigt. Sie half der Gebärenden mit Kräuterbädern zu einem leichteren Durchtritt des Kindes.

Nach dem Durchtrennen der Nabelschnur wurde diese zweimal verknotet und der Nabel mit einer Mischung aus Kümmel, Kerbel und Olivenöl eingerieben. Anschließend wurden der Wöchnerin eine starke Suppe und Wein zur Kräftigung gereicht. Auch in das Bad des Kindes wurde ein Schuss Wein gegeben, um es anzuregen. Häufig wurde das Kind aber auch nur mit Salz abgerieben, um die Talgschicht zu entfernen.

Die durchaus modern anmutenden Methoden, die heute für die natürliche Geburt wieder entdeckt werden, wie das Gebären in der Hocke, im Stehen, das freie Schreien und ein abgedunkelter Geburtsraum, haben in den vormittelalterlichen und später auch in den mittelalterlichen Hebammenmethoden ihren Ursprung. Häufig wurde die Geburt noch mit heidnischen Segens- und Zaubersprüchen begleitet. Man kann sich vorstellen, dass diese oft in rhythmischen Versen vorgetragenen und teilweise als Lieder angelegten Verse durchaus beruhigende Wirkung bis zur Trance haben konnten und somit in den Bereich der psychologischen Hilfe fallen.

Als Schadenszauber und unbedingt bestrafungswürdig galt ein weiteres Aufgabenfeld der weisen Frauen: das Gegenteil der Geburtshilfe – die Abtreibung. Seit dem Edikt Karl des Großen wurde das Wissen und Wirken der weisen Frauen sehr genau beobachtet und schließlich gerieten sie immer mehr in den Verdacht der Hexerei.

Zwar hatten die Frauen im Vormittelalter zahlreiche Geburten zu bewältigen, aber nur jedes dritte Kind erlebte das vierte Lebensjahr. Um den schmerzlichen Verlust besser ertragen zu können, wurden Aberglaube und Magie eingesetzt.

Heidnische Medizin

Bis zur der medizinischen Revolution des Robert Koch (1843 – 1910), der die Bakterologie erfand und den Zusammenhang zwischen Keimen und Übertragung von Krankheiten nachweisen konnte, war die Kindersterblichkeit enorm hoch. Ein Drittel aller Kinder starb vor dem vierten Lebensjahr. Die medizinische Versorgung war bis ins Mittelalter geprägt von heidnischen Bräuchen. So waren die gängigsten Mittel zur Vorbeugung von Krankheiten Amulette aus Tierzähnen, Korallenstacheln, Knoblauchzehen oder Maulwurfspfoten. Erkrankte ein Kind ernsthaft, wurden seit der Christianisierung die Heiligen herangezogen. So begaben sich Eltern, deren Kind krank geworden war, auf Pilgerreise. Sie legten die kleinen Kranken auf die Gräber des Heiligen Apothemus, Gibrius oder Blasius und vertrauten auf deren Wirken. Der eigentümlichste Heilige ist sicher der Heilige Guinefort – ein Hund, der getötet wurde, als er einen Säugling verteidigte. Die ihm zugeschriebene Macht hängt mit einem heidnischen Aberglauben zusammen. Hatte ein Kind Fieber oder verlor an Gewicht, redeten sich die Mütter ein, dass es sich nicht um ihr eigenes Kind, sondern um ein von den Walddämonen eingetauschtes handele. Der Heilige Guinefort sollte den Teufel bezwingen und das richtige Kind wiederbringen. Gesundete das Kind, war der Dämon besiegt, starb es, war es den Müttern ein Trost, nicht das „eigene" Kind veloren zu haben.

Zeittafel der Medizin

- **400 v. Chr.: Hippokrates, der gelehrte Arzt auf der Insel Kos, schreibt neben einer Reihe von wissenschaftlichen Büchern eine Sammlung von über 100 Pflanzen.**
- **350 v. Chr.: Aristoteles entwickelte die in Kräuterbüchern häufig verwendete 4-Elemente-Einteilung: Wasser-Feuer-Luft-Erde. Krataeus, der Leibarzt des Mitridates, schrieb das erste Buch mit kolorierten Pflanzenabbildungen.**
- **Der Leibarzt des Kaiser Nero verfasste eine Pflanzenstudie „De materia medika", die die gesamte mittelalterliche Pflanzenkunde stark beeinflusste.**
- **Ab dem 4. Jahrhundert entstehen in den ersten Klöstern reiche Pflanzengärten und -bücher.**
- **800: Karl der Große bemühte sich sehr um die Kultivierung von Heilpflanzen. Die berühmte Schule von Salerno entsteht, zu der auch Frauen zugelassen sind. Aus ihr gehen zahlreiche Medizingelehrte hervor.**
- **1193–1280: Albertus Magnus, eine der größten Erscheinungen des Jahrhunderts, unternimmt eigene Versuche mit Pflanzen und veröffentlicht zahllose Werke.**
- **1435: Gutenberg erfindet den Buchdruck. Die ersten gedruckten Kräuterbücher kommen in Umlauf, bestehen aber zur Hauptsache aus Zusammenschriften der Werke früherer Jahrhunderte. Der Bedarf an diesen gedruckten Nachschlagewerken war enorm.**

Heilen, hexen, liebeszaubern

Die Vorstellung, dass Hexen Menschen verzaubern, sie in Liebestaumel versetzen können, aber auch selbst durch die Lüfte fliegen können, basiert auf dem tiefen Kräuterwissen, das die Frauen von Generation zu Generation weitertrugen, um auch die Gesundheit der Gemeinschaft und Familie zu sichern. Dennoch gibt es ausgesprochene Zaubermischungen, die durchaus ähnliche wundersame Wirkung haben können.

Der Hexengarten

In Zeiten, wo es keine Medizin und auch kein chemisches Wissen gab, mussten sich die Menschen auf die botanischen Fähigkeiten bestimmter Kräuterkundiger verlassen. Dieses Wissen gab es schon zu Zeiten der Ägypter, verfeinert wurde es im antiken Griechenland, wo Hippokrates bereits 400 v. Chr. eine schriftliche Gesundheitslehre herausgab.
Das Kräuterwissen war natürlich von den jeweiligen regionalen Gegebenheiten abhängig. Mit dem Einfluss verschiedener Kulturen wurde das Kräuterwissen erweitert.
Die mittelalterliche Volksmedizin bestand zum einen aus dem Kräuterwissen der weisen Frauen, und aus der Volksmedizin der Mönche, sowie der schon weit fortgeschrittenen arabischen Medizin.

Hexenrezepte

Als Hexenrezepte wurden all die Mittel bezeichnet, die eine angebliche oder tatsächliche Drogenwirkung hatten. Da die meisten weisen Frauen und Hexen damals nicht des Schreibens mächtig waren, wurde vieles mündlich überliefert. Die späteren Hexenjäger haben dann das geheime Wissen in ihren Hetzschriften verunglimpft und verfälscht, so dass die Frauen in schlechtes Licht gerieten.
Vielfach wurde die Dosierung verändert, so dass die Rezepte Tod bringend waren. Die analphabetischen weisen Frauen konnten auf die schriftlichen Attacken nicht reagieren und waren damit der üblen Nachrede völlig ausgeliefert. So wurden die kräuterkundigen Frauen trotz ihrer therapeutisch nachweislichen Erfolge in den Ruf der Hexerei gebracht.
Die Ethnobotanik (Forschung über traditionelles Pflanzenwissen) hat herausgefunden, dass die angebliche Zauberwirkung einer Pflanze oder einer Rezeptur meist aus einer Kombination von Inhaltsstoffen, symbolischer Form, Geruch und Standort besteht. Placeboeffekte gab es damals wie heute und der Glaube an eine Wirkung zusammen mit ritueller Anwendung

und magischer Besprechung hatte sicherliche in einer Zeit, da man viel stärker solchen Suggestionen verbunden war, große Bedeutung. Interessant ist, dass viele Pflanzen durchaus Erscheinungen hervorrufen können, die man mit viel Übertreibung und Phantasie als Hexenwerk bezeichnen könnte.

Alraune

Hexenarznei

Einige Mittel des Kräuterschatzes waren besonders für magische Zwecke geeignet und konnten durchaus bezaubernde Wirkung zeigen. Ihre Dosierung und Zubereitung bedurfte großer Erfahrung.

Die Alraune

Wie alle Nachtschattengewächsen hat die Alraune Drogenwirkung. Die spezielle menschliche Form der Alraunenwurzel zusammen mit der enthemmenden Wirkung hat wohl ihren Ruf begründet, ein Liebes- und Schlafmittel zu sein. Sie wird bereits in den frühesten medizinischen Schriften erwähnt.

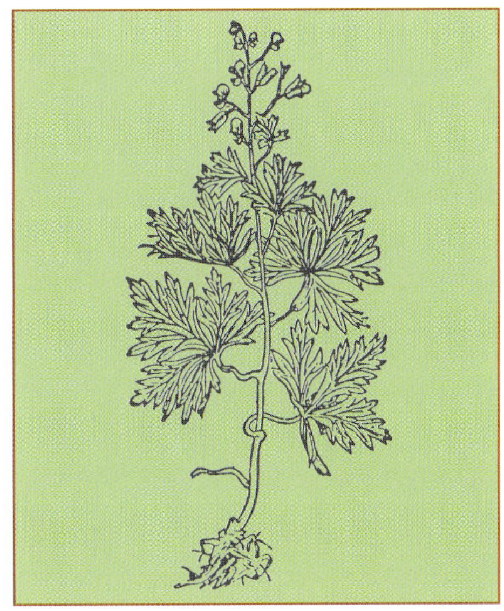

Eisenhut

Eisenhut

Wolfswurz, Venuskutschen. Eisenhut enthält das giftige Aconitin und war deshalb immer berüchtigter Bestandteil von Giftgetränken. Auf die Haut aufgetragen, erzeugt die richtige Dosierung ein Gefühl des Kribbelns und ruft Halluzinationen hervor. Als Hexensalbe verwendet, mag das Kribbeln den Eindruck eines Feder- und Fellkleides erzeugt haben. Möglicherweise wurde es auch zur sexuellen Stimulanz eingesetzt. Medizinisch hilft es bei Fieber und Nervenschmerzen.

Johanniskraut

Hexenkraut, Herrgottsblume, Sonnwendkraut. Als Zauberkraut diente die Pflanze gegen Geister, Gespenster, Blitz, Donner und Hagelschlag. Seit alter Zeit schon wird Johanniskraut als Heilmittel bei katarrhalischen Magen-Darm-Erkrankungen, Menstruationsstörungen, Anämie und als Wurmmittel verwendet. Johanniskraut wird heute erfolgreich gegen Wechseljahrbeschwerden und Depressionen eingesetzt.

Tollkirsche

Tollkirsche

Irrbeere, Wutbeere. Sie ruft in größeren Mengen Vergiftungserscheinungen und Halluzinationen hervor. Die Wirkung reicht von Bewusstseinserweiterung bis zu völliger Betäubung und Tobsuchtsanfällen. Schon in der Antike wurde sie als Augenschminke benutzt, da ihr Gift die Pupillen weitete, was als höchst attraktiv galt.

In der richtigen Anwendung hilft die Tollkirsche bei Augenleiden, Asthma und Krämpfen.

Hildegard von Bingen

Geboren 1098, gründete die größte mittelalterliche Mystikerin den Benediktinerinnenorden bei Bingen am Rhein. Sie verfasste zahlreiche Abhandlungen über Naturkunde, geistige Lieder und ihre berühmten Visionen. Sie betonte die Gottesebenbürtigkeit von Mann und Frau. Noch heute sind ihre Weisheiten von Aktualität, da sie eine tiefe Kenntnis der Pflanzenkunde besaß. Doch nicht nur wegen ihrer herausragenden menschlichen und geistigen Fähigkeiten – sie korrespondierte mit dem Papst und dem Kaiser – war sie bedeutsam, sondern sie ist auch der Prototyp der frühmittelalterlichen Frau, die ihr Heil in den Schutzmauern der Klöster gesucht hat. Der niedere Adel hatte mit großen Geldsorgen zu kämpfen. Die Kreuzzüge veschlangen das meiste Geld, die Männer und somit Hausherren waren lange von der Heimat fort. Ernährungsengpässe, schlechte Erbfolgen für die weiblichen Mitglieder einer Familie, das strenge Männerregiment innerhalb der Familien und die Unmöglichkeit eines geistreichen Umfelds trieben die religiösen Frauen des niederen und mittleren Adels zu Scharen in die Klöster, wo sie in materieller Sicherheit leben konnten. Schließlich wurden ab dem 12. Jahrhundert in den Klöstern nur noch höher gestellte Frauen aufgenommen. Die vielen Frauen, die auf der Straße lebten und von niederem Stand waren, hatten wenig Chancen, sich zu verbessern und zu schützen. Allein die Sekten boten sich an.

Die Frauen des Frühmittelalters

Die Stellung der Frau und ihr Ruf hatten sich mit der Christianisierung grundlegend geändert. Zwei Frauenbilder bestimmten in der Hauptsache die nun von der Kiche geprägte Vorstellung: die Verführerin Eva und die heilige Maria. Diese beiden Extreme bildeten das Spannungsfeld, das den Frauen für viele Jahrhunderte das Leben erschweren sollte.

Zwei Frauenmodelle

Das Bild der Verführerin und Verderberin gab es schon in den alttestamentarischen Vorstellungen. Eva, die in den Augen der Kirche Adam zum Verzehr des Apfels verführt hat, wurde zum Inbegriff der Sünde. Jedwede weibliche Verführung erinnerte an den Ursündenfall und musste bestraft werden. Dem wurde ein völlig neues Vorbild gegenübergestellt: die Jungfrau Maria mit dem Kind. Reinheit, Unbeflecktheit, Frömmigkeit und Asexualität waren ihre Attribute. Unterstützt wurde diese unterwürfige Frauenposition noch durch den einflussreichen Thomas von Aquin, der sich in seiner Lehre auf die von Aristoteles übernommene physiologische Minderwertigkeit des weiblichen Geschlechts berief und somit die Gehorsamspflicht der Frau gegenüber dem Mann begründete. Die Frauen waren im Frühmittelalter vom Klosterleben ausgeschlossen, aber auch von der Welt des Handels und des Handwerks. Hatte eine Frau das Pech, in unteren Schichten geboren zu sein, oder ihr Mann starb, dann blieben ihr häufig nur zwei Alternativen: betteln oder die Prostitution. Die Benachteiligung, das materielle Elend und ein enormer Frauenüberschuss mussten sich irgendwo ein Ventil suchen.

Sekten- und Klostergründungen

Das Lösungswort hieß: Sekten. Unzufrieden mit der bestehenden kirchlichen Lehre und den strengen Sitten, wurden im 11. Jahrhundert zahlreiche Sekten gegründet. Viele Frauen liefen diesen Vereinigungen zu, die in starkem Maße die Rechte der Frauen bewahrten und für einen aufgeklärteren Lebensstil standen. Die Kirche, der dieses Abwandern der Frauen nicht entgangen war, steuerte dagegen, indem sie die Gründung von Frauenklöstern zuließ. Dies sollte für lange Zeit die einzige Möglichkeit für religiös motivierte Frauen sein, innerhalb der orthodoxen Kirche anerkannt zu sein.

Ein kurze Zeit des Lichts

Darüber hinaus kam es im 13. Jahrhundert kurzzeitig zu einem Aufweichen des ungleichen Systems. Unter Einschränkungen war es Frauen erlaubt,

Zeittafel

- **700: Gründung der ersten Klöster in Deutschland. Die arabischen Wisenschaften blühen auf.**
- **800: Karl der Große wird zum Kaiser gekrönt. Der gregorianische Gesang verbreitet sich in Euopa. Kloster und Domschulen werden gegründet.**
- **850: Die Benutzung warmer Bäder wird Mode. Die Buchmalerei erlebt erste Blüte.**
- **900: Otto der Große wird deutscher König.**
- **1050: Frühromanische Baukunst kommt in Europa auf. Der Fernhandel entwickelt sich. Papst Gregor VII. (1073 – 1185) versucht die Macht der Kiche zu stärken.**
- **1100: Handwerker bilden erste Zünfte.**
- **1152 – 1190: Kaiser Friedrich Barbarossa regiert.**
- **1190: 3. Kreuzzug, Kaiser Barbarossa ertrinkt im türkischen Fluss Salef. Blütezeit des Minnesangs und der Heldendichtung (Nibelungenlied).**
- **1200: Die ersten Universitäten werden gegründet: Paris, Oxford, Salamanca, Bologna.**

selbständig Handel zu treiben oder gar einer Handwerkszunft zuzugehören. Diese scheinbare Gleichberechtigung sollte nicht anhalten. Wohl aus Fucht vor der fähigen Konkurrenz wurde diese Freiheit, vor allem von den von Männern dominierten Zünften, wieder eingestellt. Der Rechststatus schwand und nur wenige Bereiche standen den Frauen noch offen. Auch war es den Frauen nicht möglich, in den ersten gegründeten Universitäten zu studieren. Allein die Große Schule von Salerno ließ Frauen in beschränktem Maße zu. So ist es nicht verwunderlich, dass bereits im 11. Jahrhundert eine riesige Klosterbewegung einsetzte. Die Frauen flüchteten in den geschützten Raum eines Klosters, denn hier konnten sie sich weiterbilden und waren weitgehend von den Diskriminierungen der Außenwelt befreit.

Betteln war oft der einzige Weg für die Frauen am Rande der Gesellschaft, um sich über Wasser zu halten. Frauen, die dazu noch einen frommen Weg einschlagen wollten, um dem Vorbild der Mutter Maria zu folgen, blieb nur die Möglichkeit des Klosters oder eines Bettelordens.

Die Mystikerinnen des Frühmittelalters

Die starke Religiosität der Frauen im Frühmittelalter brachte ein Phänomen hervor, das sich eigentlich auf den Zeitraum zwischen 1000 und 1400 beschränkte: die Mystikerinnen. Sie waren besonders oft unter den Beginen zu finden, aber auch unter den Ordensschwestern. Auch Hildegard von Bingen zählt man dazu. Mystikerinnen zeichneten sich zum einen durch tiefe Religiosität aus, aber auch durch die Gabe der Vision oder der Prophezeihung. Manche von diesen Weissagungen sind überliefert. Eine andere Seite der Mystikerinnen war die Gabe, in Trance, in Verzückung und Starre zu verfallen – eine besondere Form der Bewusstseinserweiterung, die durch Dauerbeten, durch Selbstgeißelung, durch Askese und Kasteiung erreicht werden konnte. Da die Frauen in ihrer körperlichen und geistigen Veränderung den Eindruck einer Epileptikerin oder Schwachsinnigen machten, wurden diese Begabungen oft nicht richtig gedeutet. Interessant ist die Parallele zu den in späterer Zeit den Hexen gemachten Vorwürfen „weggetreten" zu sein, „nicht bei sich zu sein". Der Grund liegt in derselben Sache: der Bewusstseinserweiterung. Wurde sie von den Mystikerinnen ausschließlich an sich selbst und durch körpereigene Mittel wie Fasten erreicht, konnten die als Hexen bezeichneten Frauen diese Zustände auch durch Hilfsmittel wie Salben und Kräuter, durch Tänze und rituelle Handlungen erzeugen.

Die Beginen

Da die Klöster nur mehr die Damen aus dem Adel aufnahmen, die auch mit einer entsprechenden materiellen Mitgift ausgestattet waren, so gab es für die vielen um Hilfe suchenden Frauen der niederen Stände nur zwei Möglichkeiten: entweder sich den Ketzerbewegungen anzuschließen, die den kirchlichen Lehren sehr entgegenstanden, oder, wenn sie religiös motiviert waren, sich einem Beginenorden unterzuordnen.

Am Rande der Gesellschaft

Die ungeheuere Frauenbewegung, die im 10. Jahrhundert ihren Anfang nahm und die einen Teil der Frauen in die neu gegründeten Klöster, den anderen in neue religiöse Gemeinschaften führte, ist bis heute nicht hinreichend erforscht. Nachdem ab dem 6. Jahrhundert eine rege Klostergründung eingesetzt hatte – zunächst waren fast alle Klöster sowohl Frauen wie auch Männern zugänglich –, teilte sich dies bald in Frauen- und Männerklöster. Einer der ersten Orden, der dies betrieb, war der Prämonstratenserorden. Die Kirche vermittelte den Eindruck, dass nur ein frommes Leben innerhalb der Klostermauern ein wahrhaft religiöses Leben darstellte. Diese Auffassung stieß immer mehr auf Unverständnis, zumal die Klöster nur den reichen Frauen offen standen. So entstand die Beginenbewegung, die keiner festen Ordnung unterlag. Unter verschiedenen Namen traten diese Frauengemeinschaften auf, die in Einfachheit, Frömmigkeit und Enthaltsamkeit lebten: als bonae mulieres (gute Fruen), mulieres religiosae (religiöse Frauen), virgines continentes (enthaltsame Jungfrauen) und schließlich als „Beginen".

Ursprünge

Das Wort leitet sich von der südfranzösischen Ketzerbewegung der Albigenser ab und war deshalb jahrhundertelang ein Schmähwort. Zunächst in Belgien rund um die großen Klöster angesiedelt, verbreitete sich die Beginenbewegung in ganz Europa und hatte Zulauf von allen Schichten. Immer mehr Frauen zogen ein bescheidenes, dienendes Leben einem Eheleben vor. Sie versorgten die Armen, Alten und Kranken, lebten in Gemeinschaften oder alleine, waren sesshaft oder zogen umher, aber alle lebten in Keuschheit und legten kein Gelübde ab. Deshalb konnten die Beginen ein frommes Leben auf Zeit führen und auch wieder eine Ehe eingehen. Sie traten häufig in der Nähe von Klöstern auf. Diese, keiner übergeordneten Institution, verpflichteten Frauen waren den meisten anderen Menschen,

Fluchten

Der Zustrom zahlloser Frauen in die Beginenbewegung oder in die häretische Richtung zu den Sekten und Ketzern hin, deutete auf eine Emanzipationsbewegung hin, wie sie bis dahin noch nicht vorgekommen war. Armut, Frauenüberschuss und patriarchalische Kirchenlehre spielten die eine Rolle. Eine andere Rolle spielte das Predigtverbot, das die Kirche über die Frauen verhängt hatte. In den Sekten sowie im Beginentum war es den Frauen erlaubt, zu predigen, was sie auf ihren Wanderungen auch taten und womit sie viel Zuspruch fanden. Es scheint wohl eine tiefe Kluft zwischen Männer- und Frauenwelt gegeben zu haben. Das ist nicht nur aus der Frauenbewegung zu erkennen, sondern auch aus der Kunst des Minnesangs, der zur gleichen Zeit entstand. War das tägliche Zusammenleben von Mann und Frau nicht gerade von Romantik geprägt, ja, das streitlustige Ritterleben war brutal und unintellektuell, so sehnten sich viele intelligente Frauen nach ebensolchen Partnern, nach geistiger Nahrung und nach Poesie. All dies konnte in der Frauenbewegung gefunden werden, aber auch im Minnesang. Durch diese Kunst, die ihren Ursprung in Südfrankreich hatte, also dort, wo auch das Ketzertum, die Albigenserbewegung, seinen Ausgang hatte, gab es endlich die Möglichkeit der sehnsuchtsvollen Liebe und der Poesie und das auf einem völlig schicklichen Weg: in der rein geistigen Anbetung des Minne singenden Mannes an die von ferne Ersehnte.

vor allem den Männern und der Kirche, verdächtig, zumal die Beginen durchaus auch eine Konkurrenz zu den Handwerkszünften bildeten, da sie dort nicht aufgenommen wurden und so sich selbst verwalten mussten.

Wie kam es zur Frauenbewegung?

Sicher führte ein sich veränderndes Klassenbewußtsein in den immer größer werdenden Städten zu einem verarmenden Mittelstand, der hauptsächlich aus Frauen bestand. Auffallend ist, dass in Gebieten, wo die Zahl der kreuzfahrenden Ritter sehr hoch war, sehr viele Beginagen (Ansiedlungen von mehreren Beginen) zu finden waren. Es bestand also ein Frauenüberschuß, der noch dazu materiell unterversorgt war und den Rand der Gesellschaft bildete. Dazu rutschte die moralische Stellung der Frau immer mehr ab, da die christliche Lehre die Frau zum Ursprung der Sünde machte und den Status des männlichen Geschlechts höher bewertete.

Für die Versorgung der Aussätzigen, der Armen, Schwachen und Kranken war die Beginenbewegung unersätzlich. Sie erfüllte einen sozial wichtigen Aspekt. Oft lebten die Beginen innerhalb einer Hausgemeinschaft. Oft setzten sie ihren erlernten Beruf fort, zum Beispiel die Ausübung eines Handwerks oder auch die Erziehung adliger Töchter.

Der Teufelsbund

Häresie und Ketzerei wurden immer auch im Zusammmenhang mit Zauberei gesehen. Dazu zählte auch die geschlechtliche Vereinigung von Menschen mit Dämonen, die man den südfranzösischen Sekten auf Grund ihrer lockeren Sexualpraktiken unterstellte. Als todeswürdiges Verbrechen wurde dieser so genannte Teufelsbund in den Mittelpunkt der inquisitorischen Verfolgung gerückt. Das Brandmal „Teufelsbund" sollte in den Jahrhunderten der Hexenverfolgung zum wahren Schreckensbegriff werden, da vieles Unerklärliche im Verdacht stand, im Bund mit dem Teufel zu sein, und somit mit dem Tode bestraft wurde. So nahm man auch an, dass der Teufel seine Auserwählten einer Hexentaufe unterzieht, wie dieser Holzschnitt (Bild unten) aus dem 16. Jahrhundert eindrucksvoll zeigt.

Ursprung der Hexerei in Südfrankreich

Seit Beginn des Christentums haben sich Nebenbewegungen gebildet. Sekten, Konvente und Gemeinschaften mit reformerischen Grundgedanken haben sich dem kirchlichen Dogma widersetzt und eigene Gesetze gebildet. Gerade das mittelalterliche Südfrankreich, das den Minnegesang und die Troubadoure hervorgebracht hat, galt als Brutstätte der Häresie und der Ketzerei.

Katharer und Albigenser

Der Höhepunkt der Hexenverfolgung im 15. und 16. Jahrhundert war wesentlich beeinflusst von der vorangegangenen Ketzerjagd. Schon im 10. Jahrhundert haben sich am Balkan die Bogomilen (slaw.: die Gottesfreunde) von der katholischen Kirche abgespalten. Ihre religiöse Bewegung beeinflusste die Gemeinschaft der Katharer, „die Reinen", wie sie sich nannten. Von ihrem Wort leitet sich das spätere „Ketzer" ab. Die Katharer hatten Gemeinden, vornehmlich in Südfrankreich. Dort erwärmten sich vorallem die Kreise des Handwerks und des niederen Adels dafür. Durch die Troubadourkultur waren sie weltoffener und gebildeter und somit aufgeschlossener für alles Neue. Außerdem stieß der zunehmende patriarchalische Anspruch der orthodoxen Kirche immer mehr auf Widerstand. In der ersten Hälfte des 13. Jahrhunderts wurden so zahlreiche Patrizierfamilien Anhänger und Gönner der Katharer. Ebenso wie die Katharer lebte auch die Sekte der Albigenser. Was faszinierte die Menschen an diesem Glauben?

Dualistisches Prinzip

Wie die meisten Häretiker (Zweifler) vertraten auch die Katharer und Albigenser eine extrem dualistische Weltanschauung. Auf der einen Seite stand der Glaube an die Entsagung alles Materiellen, auf der anderen Seite eine Reinwerdung durch Vergeistigung. Um das zu erreichen, musste der Leib von allem satanisch

Bösen gereinigt werden. Dazu musste der eigene Leib als inexistent betrachtet werden. Das gelang entweder durch Askese und somit Abtötung des Fleischlichen oder durch Negation, die durch wahllosen Geschlechtsverkehr erwirkt werden sollte. So kam es in den Augen der Kirche zu jenen zügellosen Ausschweifungen, die sie später auch den Hexen beim Hexensabbat unterstellte. Tatsächlich lehnten die Häretiker die Ehe und die Fortpflanzung ab. Durch häufiges Vereinigen mit dem anderen Geschlecht, auch unter Blutsverwandten, hofften sie am ehesten die Sinnlichkeit zu überwinden. Ziel war ein männliches Geist-Prinzip, auch für Frauen, und darin bestand der große Unterschied zur orthodoxen Kirche, die der Frau als Verführerin die ganze Schuld an der fleischlichen Sünde und somit der Vertreibung aus dem Paradies unterstellte.

Die Kirche greift ein

Als die Sekten schließlich immer mehr Anhänger bekamen und gerade die Frauen wohlhabender Familien den Glaubensbrüdern in Scharen zuliefen, da sie dort in Gleichberechtigung leben, ja sogar predigen konnten, begann die orthodoxe Kirche vehement die Sektenbewegung zu attackieren. Päpstliche Inquisitoren wurden nach Südfrankreich geschickt, um dem Treiben ein Ende zu bereiten. Aber nicht nur Glaubensfragen führten zu einer Hetzjagd auf die Minderheit, sondern auch der gefährdete Machtanspruch der Kirche. Die drei Hauptgruppen der Sektenbewegung, die Katharer, Albigenser und Waldenser, letztere hatten vor allem in Österreich ihre Siedlungen, waren das erste Ziel der Ketzerverfolgung. Es kam zu den 20 Jahre dauernden Albigenserkriegen (1209–1229), denen mehr als eine Millionen Menschen zum Opfer fielen. Die Albigenserkriege galten letztendlich als Ursprung der Hexenverfolgung, jenes grausigen Wütens in Europa, das bis zum 18. Jahrhundert so vielen unschuldigen Menschen das Leben gekostet hat. War die Bevölkerung zunächst den Inquisitoren und Ketzerverfolgern noch mit Misstrauen gegenübergestanden – zahlreiche Morde an den Papstgesandten belegen dies –, so änderte sich diese Haltung schnell. Schließlich war die Angst vor den „bösen Mächten" der Sekten so weit geschürt, dass das Misstrauen zu den grausamsten Methoden führte, um Andersdenkende zum Schweigen zu bringen. Das Aufheben der Klassenschranken, der Geschlechterrollen und der kirchlichen Dogmen, das die Sektierer so konseqent lebten, war der Beginn des europäischen Hexenmordes.

Besonders Frauen waren das Ziel der Ketzer- und Hexenverfolgung. Zum einen, weil sie sich mit dem Anschluss an die emanzipatorischen Sekten aus der männerdominierten Gesellschaft entfernten, zum anderen weil sie von jeher durch Kräuter- und Heilwissen im Rufe standen, magische Kräfte zu haben. Als dritter Grund sorgte der Sündenbegriff für massive Verfolgung, denn Verführung zu fleischlichem Verlangen wurde den Frauen seit dem Sündenfall unterstellt – ein Vorwurf, der sich noch mit dem Mysterium der Empfängnis mischte und zu den grausamsten Folterungen und Tötungsmethoden an Frauen führte.

Zeittafel

- 1209–1229: Albigenserkriege
- 1227: Papst Gregor IX. verstärkt die Verfolgung Abtrünniger.
- 1232: die Inquisition beginnt.
- 1250: Beginn der Gotik
- 1300: Durch die Kreuzzüge gelangen Gewürze, Stoffe und Zucker nach Europa, aber auch Krankheiten: Die Pest bricht aus und fordert Millionen Opfer in Europa.
- Schießpulver und Waffen verändern die Kriegsführung.

Rittertum, das patriarchalische Christentum, die Erhebung alles Männlichen zum Geistprinzip standen in der ethischen Vorstellung des Mittelalters über dem abgewerteten Sinnbild des Weiblichen, das für Fleischeslust, Sünde und Verderbnis stand. Dadurch war der Boden für die Hexenverfolgung bereitet.

Der Anfang vom Ende

Im Laufe des 14. Jahrhunderts wurde der Handlungsspielraum der Frauen auf gesellschaftlicher und kirchlicher Ebene immer geringer. Daran hatten die Frauenbewegungen nichts geändert, im Gegenteil, sie schienen immer verdächtiger und waren immer mehr dem Argwohn der staatlichen und kirchlichen Oberhäupter ausgesetzt. Die Sanktionen wurden schärfer. Die Albigenserkriege taten ihr Übriges, den Nimbus der Frauen zu erschüttern.

Ein Geschlecht rückt ins Abseits

Beginenbewegung, Klosterbildung und die Flucht von Tausenden von Frauen aus allen Schichten hinein in den Schutz alternativer Lebensgemeinschaften machen deutlich, welche gesellschaftlichen und ethischen Umwälzungen sich bereits zu Beginn des Mittelalters ankündigten. Viel-

leicht mag auch manches mit dem Jahrtausendwechsel zusammenhängen, der damals zu einer Massenhysterie und zu Visionen des Weltuntergangs geführt hat und damit viele Menschen dem Glauben zuführte. Sicher ist, dass die Rolle der Frauen innerhalb der Gesellschaft sich wandelte. Durch die patriarchalische Gesellschaftsstruktur, das harte, entbehrungsreiche Leben und den immer größer werdenden Einfluß der Kirche wurden die Frauen in ihrem Wirken eingeschränkt. Der weibliche Leib galt als sündig, weshalb den religiösen Frauen die Enthaltsamkeit als einzig mögliche Reinigung schien. Die beiden Frauenbilder, die mit Sünde beladene Eva und die reine, unbefleckte Maria, bestimmten schließlich auch die Aufteilung der weltlichen Frauen: die „reinen", die sich in die enthaltsame Welt der Klöster begeben hatten, und die „befleckten", was wohl die Mehrzahl der Frauen betraf. Somit war der Boden bereitet für die Hexenverfolgung, denn durch diese Aufteilung konnte fast jede Frau zur Hexe verurteilt werden.

Berührung ist Sünde.

Die zunehmende Geringschätzung der Frauen zeigte sich auch in den kirchlichen Zeremonien. Hatte man zu Beginn des 13. Jahrhunderts die Berührung einer Frau durch Handauflegung noch nicht gescheut, so bemühte man sich Anfang des 14. Jahrhunderts bereits, dies zu vermeiden. Die Kirche verbot es den Frauen, kirchliche Sakramente, Gewänder und Gefäße zu berühren, und bezeichnete dies als „Besudelung durch Frauenhände". Die Frauen wurden immer weniger als würdig empfunden, die Taufe bei Lebzeiten zu erhalten, weshalb die Taufe auf dem Totenbett zunahm. Vorsorglich, damit im Falle einer eventuellen Genesung die Frauen sich nicht doch noch versündigen konnten, ließ man sie nach der Taufe verhungern. Eine Vollendung war für die Frau also nur im Jenseits möglich. Aus Gram über diese Zurückweisung nahm auch der rituelle Selbstmord, vornehmlich von Frauen verübt, zu. Schließlich war das Netz der Beschuldigungen so dicht, dass nur noch ein Funke genügte, das schwelende Feuer der Hexenfurcht voll zu entfachen und ihm einen Namen zu geben: die Inquistion. Sie nahm ihren Anfang im 13. Jahrhundert.

Im Bund mit dem Teufel zu stehen war ein Vorwurf, der fast jede Frau treffen konnte, die nicht mehr Jungfrau war. Der vielgestaltige Teufel, der gerne mit drei Köpfen dargestellt wurde, galt als Inbegriff des Sexistischen.

Als Papst Gregor IX. die Inquisition in Gang brachte, war das Image der Frauen bereits so weit geschwächt, dass es nicht mehr viel Überzeugungsarbeit seitens der Kirche brauchte, um auch die weltlichen Herrscher von einer Verfolgung der Abtrünnigen zu überzeugen. Der Haß gegen alles Dämonische, Satanische und Hexenhafte schloss im Laufe der 300 Jahre dauernden Verfolgung auch Männer, Kinder und Tiere mit ein.

Hexen – Feinde

der Kirchen

Erotik ist Hexenwerk

War im Jahre 1000 die geschlechtliche Vereinigung von Mann und Frau nur ein Diskussionspunkt innerhalb der Kirche, so weitete sich dieses Thema im Laufe der Zeit auf alle Stände aus. Der Sexualtrieb galt schließlich überhaupt als Teufelswerk und die Frauen wurden im Falle eines Bekanntwerdens des Beischlafts mit dem Teufel bezichtigt.

Das Keuschheitsgelübde, wie es auch heute noch Gesetz ist innerhalb der katholischen Kirche, war keine Verordnung, die es von Beginn der Christianisierung gab. Erst im 4. Jahrhundert, als die Askesebewegung sich vom sündigen Fleisch befreien wollte, begann man auf den Konzilen darüber nachzudenken. Lange noch erhielt sich das Gewohnheitsrecht, dass Preister verheiratet sein durften. In den Zeiten des Übergangs gab es das ungeschriebene Gesetz, dass verheiratete Priester auch unter einem Dach mit ihrer Frau leben durften. Als sich schließlich rund um die Jahrtausendwende eine konsequente Einhaltung des Zölibats durchsetzte, war dies der Anfang einer asexuellen Bewegung und machte die Frauen zu den Hauptsünderinnen.

Nonnen und Mönche leben zusammen

Im ausgehenden ersten Jahrtausend lebten Mönche und Nonnen in den Klöstern unter einem Dach. Die daraus entstandenen Konkubinate waren völlig legitim und wurden von der Kirche zunächst akzeptiert. Geistliche, die erst später zu Priestern berufen wurden und daher verheiratet waren, durften es auch weiterhin bleiben. Auch auf der weltlichen Ebene herrschte ein entspannter Umgang zwischen den Geschlechtern. In den Städten wurde ein freizügiges Badewesen populär, das durchaus lustbetont beide Geschlechter zum Bade und anderen Freuden zusammenbrachte. Badehäuser gab es auch in den Klöstern. Allmählich setzt sich aber das Zölibat durch. Vor allem durch die immer mächtiger werdenden Mönchsorden. Die Mönche hatten im Volk mehr Anhänger als die Priester. Papst Benedikt VII. verordnete schließlich im Jahr 1018, dass Kinder von Priestern Leibeigene der Kirche auf Lebenszeit werden mussten und stellte bald darauf die Frauen der Priester an den Pranger: Sie wurden Konkubinen gleichgestellt. Papst Leo IX. (1049–1055) ging noch einen Schritt weiter: Die Keuschheit der Priester wurde zur Pflicht und wer sie verletzte, machte sich der Häresie schuldig. Eine Anklage, die schon zu dieser Zeit schreckliche Folgen haben konnte: hochnotpeinliche Verhöre sowie immer schärfer werdende Verurteilungen. Als 1057 der Mönchspapst Hildebrand als Gregor VII. den Thron bestieg, wurde jede Verbindung von Priestern mit Frauen als Hurerei bezeichnet. Aber die scharfe Trennung von Tisch und Bett war ein schwelender Konflikt innerhalb der Kirche, der das ganze Mittelalter hindurch bestehen sollte. Erst mit Martin Luther und der Kirchenspaltung lodert diese Frage zu hellen Flammen auf.

Teufelswerk Erotik

Wenngleich den Priestern jede Art von geschlechtlicher Vereinigung verboten wurde, so erfreute sich doch die übrige Bevölkerung eines regen Sexuallebens. So kann man eine bedeutende Maxime des Mittelalters so festhalten: Die Kirche wollte den Sexualtrieb der Menschen nicht unterbinden, sie wollte nur, dass er sich im Verborgenen abspielte. Und damit ist das Wesen des ganzen Mittelalters festgehalten: das Prinzip der Verstellung. Wer es beherrschte, konnte sich faktisch alles erlauben.

Héloise und Abaelard

Eine der ergreifendsten Liebesgschichten des Mittelalters ist sicherlich die Beziehung des fast vierzigjährigen Theologiegelehrten Pierre Abaelard zu der 17-jährigen Nichte seines Vermieters, des Kanonikus Fulbert. Dieses faustische Drama um Leidenschaft und Moral lässt tief in die Abgründe blicken, die Jahre später eine Hexenverfolgung in großem Stil ermöglichte. Der durchaus hoch angesehene Gelehrte Abaelard, der eine Schule für Philosophie und Theologie in Paris betrieb, hatte sich nicht dem Zölibat unterworfen, wohl aber sein Vermieter, der Kanonikus Fulbert. Dieser hatte, besorgt um das Wohl seiner Nichte Héloise, diese in seinem Haus aufgenommen. Das junge Mädchen war von dem charismatischen und gut aussehenden Abaelard hingerissen. Als die Verbindung sich nicht mehr verheimlichen ließ, weil Héloise schwanger war, schickte Abaelard sie zu seiner Schwester in die Bretagne, wo sie einen Jungen zur Welt brachte. Er bot ihr die Heirat an, die sie ablehnte mit der Bergündung, dass Männer von Genie sich nicht mit einer Familie belasten dürften – so stünde es auch in den Schriften des Zölibats. Heloise, ebenfalls hoch gebildet, korrespondierte mit Abaelard fließend lateinisch. Als der Kanonikus von der folgenschweren Liaison erfuhr, nahm er fürchterlich Rache. Mit mehreren Kumpanen stürmte er in das Schlafzimmer Abaelards und entmannte ihn. Der Skandal war perfekt: Die Studenten empörten sich über diese Kastrierung des Gelehrten, die Kirche hüllte sich in Schweigen. Abaelard konnte in Paris nicht mehr bleiben und ging ins Kloster, ebenso wie Héloise. Dort fanden aber beide keine Ruhe. Héloise schickte leidenschaftliche Briefe, konnte sich nicht Gott verschreiben, sondern begehrte nur Abaelard. Der versuchte die Flammen der Liebe auf eine geistige Ebene zu heben und beschwor sie der Liebe zu Gott, „der wohl endlich den Teufel vertreiben möge, der sie zu vernichten trachte“. Allmählich schien dies auch zu klappen. In der Champagne enstand eine neue Abaelard'sche Schule, zu der bis zu 3000 Studenten pilgerten, um von dem Verstümmelten unterwiesen zu werden. Der gründete ein Kloster, in dem auch Héloise Unterschlupf fand. Doch das Glück währte nicht lange. Im Laufe der Zeit rebellisch geworden, legte sich Abaelard mit der Kirche an. Nur mit einer Sondergenehmigung des Papstes entging er schweren Strafen. Er starb als einfacher Klosterbruder, Héloise überlebte ihn um 20 Jahre.

Hätten die beiden wenige Jahrhunderte später gelebt, wäre es ihnen wahrscheinlich viel schlechter ergangen. Denn eine neue Pest war über die Menschen gekommen: Wer vom Teufel des Sexualtriebs besessen war, bekam es mit der Obrigkeit, der Kirche und schließlich auch dem Staat zu tun, und das hieß in der Regel schreckliche Martern und den Tod auf dem Scheiterhaufen.

Die Prostitution

Selbstveständlich nahm der gute Bürger auch in der Zeit der Keuschheitsgürtel das Recht für sich in Anspruch, Frauen zu besuchen, die keinen trugen. Die Prostitution stand während des ganzen Mittellalters in hoher Blüte. Von Zeit zu Zeit wurden Strafen verhängt, wie das Abschneiden von Haaren, An-den-Pranger-Stellen und Schandsteintragen. Durch die Kreuzzüge wuchs die Prostitution allerdings enorm an. Nach deren Ende versuchten Tausende von Frauen auf der Straße ihrem Gewerbe nachzugehen. Die Bürger waren moralisch entrüstet, auch wenn sie zur Kundschaft zählten – aber ganz nach dem Prinzip, dass alles sein kann, aber im Verborgenen, – musste dieses Übel in Schranken gewiesen werden. Die Kirche wusste, dass die Prostitution nicht auszurotten war. So bediente man sich eines Vorbilds aus der Antike: Die Frauen wurden in eigens dafür geschaffenen Häuser untergebracht. Die bewachten Häuser wurden unter den Schutz einer Heiligen gestellt und die Frauen mussten die Gebete einhalten. Es kam sogar vor, dass die Bordelle Geistlichen und Oberinnen von Klöstern gehörten. Für die Bordellwirte war es natürlich ein Vorteil, unter dem kirchlichen Dach ihre Geschäfte zu betreiben, denn dadurch waren sie gegen die Verleumdung gesichert, dass bei ihnen der Teufel umginge. Deshalb entgingen Huren öffentlicher Häuser auch weitgehend der Hexenverfolgung. Nur wer diesem Gewerbe einzeln nachging, war verdächtig, als Hexe Teufelswerk zu verrichten.

Ehrenhafter Sex, teuflischer Sex

Liest man eine Sittengeschichte über das Mittelalter, stellt sich einem ein sehr widersprüchliches Bild der Sexualmoral dar. Auf der einen Seite versuchte die Kirche vehement die Keuschheit ihrer Mitglieder durchzusetzen und die Fleischeslust als Sünde zu sehen. Viele unbescholtene Frauen rückten durch die beginnende Inquisition ins Zwielicht und auf der anderen Seite trieben das Minnewesen, die Rittermoral sowie auch die öffentliche Prostitution ungeheure Blüten.

Rittermoral: der gesellschaftsfähige Ehebruch

Das ganze Feudalsystem des Frühmittelalters beruhte auf dem Prinzip der Treue: Lehenstreue gegenüber dem Lehnsherrn, eheliche Treue innerhalb der Familien. Doch unter gewissen Bedingungen und in bestimmten Schichten war der Treuebruch geradezu gesellschaftsfähig. Ein erfahrenener Ritter hatte ebenso seine außerehelichen „Erfahrungen", ja musste sie sogar haben, um in der Rittergesellschaft zu bestehen. Gingen die Ritter jahrelang auf Kreuz- und Kriegszug war es ganz selbstverständlich, dass tausende von Kurtisanen die Züge begleiteten. Auf der anderen Seite wurde die hohe Minne gepflegt, wonach fahrende Ritter um die Gunst einer erwählten Hofherrin buhlten – mit dem sicheren Ziel, mit ihr ins Bett zu gehen. Sich eine höher gestellte „Herzdame" zu wählen, gehörte zum guten gesellschaftlichen Ton. Es wäre geradezu ehrenrührig gewesen, diese sexuellen Beziehungen mit Hexenkult oder Teufelei in Verbindung zu bringen. Die Kirche duldete diese ehebrecherischen Verhältnisse und unterstrich damit die gesellschaftliche Aussage der Minne: Höheren Schichten ist mehr erlaubt als niederen. Die Ehemoral lockert sich unter der Minneerotik. Als schließlich im Spätmittelalter sich das Feudalsystem auflöste, wandelte sich der Minnedienst in die so genannten Turnierkünste, bei denen nicht mehr die sexuelle Vereinigung das Ziel war, sondern eher der rituelle Gunstbeweis, wie einen Handschuh oder eine Feder der Burgherrin zu erlangen.

Liebesdiener, Ritterliebe

Ritterorden werden gegründet, die eine abstrakte Frauengestalt verehren. An den europäischen Fürstentümern entstehen Liebeshöfe. Dort diskutieren ausschließlich Männer über die Liebe. Der Pariser Liebeshof zählte im Jahre 1400 sechshundert Mitglieder. Neben dem klassischen Frauendienst, nämlich Frauen zu verteidigen, werden Dichterlesungen und Bankette abgehalten und amouröse Abenteuer besprochen. Diese frühen Männerclubs geben die Dekadenz des Adels wieder. Als sich allmählich die Pforten dieser Einichtungen auch für Bürgerliche öffnen, versuchen diese zwar anfänglich mitzuhalten. Aber letztendlich erweist sich das Bürgertum als Bollwerk der Moral. In Gedanken ist der Ehebruch ganz schön, doch in der Realität verteidigte der bürgerliche Mann die Ehre seiner Frau weit strenger als jeder Schlossherr. Die Eifersucht tut ein Übriges und so kommt ein scheußliches Instrument zum Einsatz: Während Geschäftsreisen oder Kriegszügen muss die Frau den Keuschheitsgürtel tragen.

Die Minne singenden gräflichen Ritter waren oft Gegenstand der mittelalterlichen Buchmalerei, wie hier Ulrich von Lichtenstein, der auf seinem Helm das Bild der Venus trägt.

Männer wachen über die Moral der Frauen

Das auch als Florentiner Gürtel bezeichnete Marterwerkzeug, das seinen gedanklichen Ursprung bei Homer hat, der es in seiner Odyssee beschrieb, setzte sich innerhalb der bürgerlichen Gesellschaft durch und war im 15. und 16. Jahrhundert in ganz Europa verbreitet. In Spanien hat sich der Keuschheitsgürtel bis ins 19. Jahrhundert erhalten. Die Männer fühlten sich sicherer, wenn sie ihren Sexualbesitz verschlossen wussten. Vielleicht stellte ja, so grausam es klang, der Keuschheitsgürtel auch eine Barriere dar, um dem Teufel keine Chance zu geben? Deutlich sind nur die Kluften zu erkennen, die zwischen den Gesellschaftsschichten bestehen. Am ärgsten sind wie so oft die Armen dran, die weder durch besondere Standesethik noch durch mechanische Hindernisse einen moralischen Schutz genießen. Sie trifft die Hexenverfolgung auch als Erste.

Findige Frauen wussten sich des Keuschheitsgürtels zu entledigen und solange dies heimlich geschah, blieb die Moral erhalten. Der Keuschheitgürtel geriet so auch oft zur Satire. Auf diesem Kupferstich um 1540 nimmt die mit dem Gürtel versehene Frau dem alten Ehemann das Geld aus der Tasche und gibt es ihrem Liebhaber, der auch die Schlüssel des Gürtels in Händen hält. Doch trotz allen Listenreichtums ist die Frau der Besitz des Mannes.

Die päpstliche Hexenbulle

Hans Baldung Grien hielt das Hexenbild der mittelalterlichen Gesellschaft anschaulich fest: Über der Versammlungsstätte reitet eine Hexe auf einem Besenstiel, unter ihr ein Ziegenbock. Der Bock versinnbildlicht die Teufelsbuhlschaft, den Liebhaber, mit dem sich die Hexe auf dem Hexensabbat vereinigen möchte. Ihn hat sie erwählt, indem sie in das Schlafzimmer eines unbescholtenen Mannes eingedrungen ist und ihm den Hexensattel aufgelegt hat. Auf ihrer Gabel trägt sie einen Topf mit Rauschmitteln. Unten brauen wilde Hexen geheimnisvolle Tränke zu, um Angst und Schrecken zu verbreiten.

Glaube und Aberglaube standen im Mittelalter dicht beieinander. Eigentlich wollte die Kirche des Hochmittelalters nicht mystische Dunkelheit verbreiten, sondern mit logischen Mitteln den Glauben beweisen und mit ihm Helligkeit und Klarheit verbreiten und die Angst vor dem Bösen nehmen. Doch das Gegenteil war der Fall. Ein schreckliches Manifest ging aus dieser Geisteshaltung hervor: der Hexenhammer.

Frau – Buhlschaft des Teufels

Dass es den Teufel gab, war für die Kirche außer Zweifel, ja, sie brauchte diesen Gegenspieler Gottes geradezu, um den Gottesbeweis zu führen. Den heidnischen Glauben an Hexen wollte die Kiche allerdings ausrotten. Allmählich aber verkehrte sich dieser Vernichtungsgedanke und richtete sich gegen die vermeintlichen Hexen selbst. Dass es der Teufel besonders mit den Frauen trieb, war ein Aberglaube, der sich immer mehr ausweitete, und die Abgesandten der Inquisition taten alles, um dieses Gerücht zu schüren. Durch Suggestionsfragen versuchten sie bei den denunzierten Frauen Geständnisse zu erlangen, mit dem Ziel, dass ein Verhältnis mit dem Teufel zugegeben wurde. Die Inquisitores verbreiteten verschiedene Bilder über Hexen: Diese konnten alte, runzlige Weiber sein, die auf einem Besenstil zum Hexensabbat ritten und von denen kein Mann mehr etwas wissen wollte. Sie galten insofern als gefährlich, weil sie Salben und Tränke erfinden konnten, die die Opfer in einen anderen Wahrnehmungszustand versetzen konnten. Noch gefährlicher waren allerdings die jungen, attraktiven Frauen, die es nicht nur mit dem Teufel trieben, sondern auch mit den ehrbaren Bürgern. Da nicht auf Anhieb zu erkennen war, bei wem es sich um eine Hexe handelte, waren Methoden notwendig, um dies zu erfahren. Das Beste war, die betreffende Person in flagranti zu erwischen. Das Zweite war die Denunziation. Nachdem die bis zum 13. Jahrhundert stattfindende Ketzerverfolgung langsam abebbte und die herkömmlichen Methoden der Inquisitores nicht den gewünschten Errfolg zeigten, brach eine neue Welle der Hexenverfolgung über Europa herein.

Papst Innozenz VIII.

Nachdem sich manche Regionen, vor allem die Alpenländer, von den päpstlichen Verfolgungen der angeblichen Hexen ziemlich unbeeindruckt zeigten, erließ der damalige Papst Innozenz VIII. 1484 die so genannte Hexenbulle. Dazu muss gesagt werden, dass sich die Verfolgung längst nicht mehr gegen die im Verdacht stehenden Menschen beiderlei Geschlechts richtete, die angeklagt waren, Verkehr mit dem Teufel zu haben oder Schadenszauber zu betreiben, sondern dass die Verfolgung ein bequemer Weg war, sich unliebsamer Mitmenschen zu entledigen.

In seiner Bulle beklagte nun Innozenz VIII., der von seiner Herkunft her kaum als Asket oder Kostverächter bekannt war, dass vor allem in Tirol, der Schweiz, Bayern und anderen Teilen Deutschlands der Dämonenglaube, die sich versündigenden Menschen und ein reger sexueller Austausch abtrünniger Frauen mit dem Teufel gang und gäbe wären.

Um dem Einhalt zu gewähren, beauftragte er zwei erfahrene Inquisitores damit, alles zusammenzustellen, was es über die Methoden zur Erkennung von Hexen gäbe. Die beiden Urheber der wichtigsten Schrift zur Vernichtung von Hexen waren rasch gefunden.

Der Hexenflug

Zum eigentlichen Hexenbegriff, wie er sich im 15. Jahrhundert herausbildete, gehörten neben dem Teufelsbund auch der Hexenflug und der Hexensabbat. Luftfahrten weiblicher Gestalten waren bereits in der Antike bekannt, in manchen Völkern enthalten die ekstatischen Tänze der Schamanen noch heute ähnliche Elemente. Die Kirche stand den Hexenflügen erst skeptisch gegenüber, sie wurden aber allmählich Gegenstand der theologischen Diskussionen. Wenngleich aufgeklärte Geister sowohl in der Kirche als auch in den weltlichen Gerichten diesen Erscheinungen keinen Glauben schenkten, so war doch die Mehrheit der Menschen, vor allem der ausführenden Organe, von den Schaden bringenden Flügen überzeugt. Die landläufige Meinung war, dass sich Hexen mit dem Teufel paarten, sich in alle möglichen Tiere verwandeln und durch die Lüfte rauschen konnten, um über Vieh und Menschen Unheil zu bringen. Niemand schien sich allerdings zu wundern, warum diese Fähigkeiten nicht zur Flucht vor Kerker und Folter verwendet wurden. Dieses mittelalterliche Hexenbild traf vor allem die Frauen, die nach wie vor in der Tradition der weisen Frauen, der Kräuterheilerinnen und Seherinnen ihren Aufgaben als Kräuterkundige, Hebammen und spirituelle Weissagerinnen nachgingen. Sie kannten natürlich Mittel, um sich und andere in Trance zu bringen, um Erscheinungen und Bewusstseinserweiterungen zu erzeugen. Dieses Wissen wurde nun zum Verhängnis für alle Frauen.

Der Hexensabbat

Eines der zentralen Themen jeder Befragung, wie die Folterungen auch verharmlosend genannt wurden, war der Hexensabbat. Die Schilderungen geben einen Eindruck wieder von der Vorstellungskraft, aber auch von den tief verwurzelten Ängsten der Menschen.

Ein furchtbares Gruselkabinett

Hexensabbat meinte die alljahrlich mehrmals stattfindenden Treffen aller Teufelsanhänger, also auch der Hexen. Die Vorstellung vom Hexensabbat war eng verknüpft mit dem Teufelsbund. Zum einen stammten die Vorstellungen vom großen Hexentreffen aus der Zeit der kultischen Vereinigungen von Priesterinnen, Zauberkundigen und Schamanen. Zum anderen lebte der Aberglaube wieder neu auf in der Zeit der Ketzerverfolgung und trug wohl Elemente der Orgien und Zusammenkünfte, die den Ketzern unterstellt wurden.

Die ersten Hexenbullen

Als Papst Gregor IX. im Jahre 1232 eine Bulle herausgab, war das zentrale Thema der Hexensabbat. Auszüge aus der Bulle Gregors IX. lassen ahnen,

Die Vorstellung vom enthemmten Hexensabbat auf dem Blocksberg hatte sicherlich viel mit verdeckten sexuellen Wünschen zu tun. Johann Wolfgang von Goethe, der das Blocksbergerlebnis des Doktor Faustus in Faust II *beschrieb, symbolisierte damit die Erfüllung sexueller Ekstase.*

Der Blocksberg

In fast allen europäischen Ländern existieren Vorstellungen vom so genannten Blocksberg, kahle Erhebungen, auf denen die rauschhaften Hexensabbate gefeiert wurden. Um in einen rauschhaften Zustand zu kommen, sollen die Hexen Unmengen an Alkohol und Drogen zu sich genommen haben. Sicher ist, dass sich kräuterkundige Frauen auch auf die Herstellung von Rauschmitteln verstanden. So können Salben und Tinkturen aus Nachtschattengewächsen durchaus Trancezustände und Enthemmungen hervorrufen.

welchen Einfluss sie auf die Hexenprozesse hatte. „Wenn ein Neuling beim Hexensabbat aufgenommen wird, dann erscheint ihm zunächst eine Kröte. Einige geben derselben einen Kuss auf den Hintern und ziehen nun den Speichel des Tieres in ihren Mund. Wenn nun ein Noviz weiter geht, so begegnet ihm ein Mann von wunderbarer Blässe, mit ganz schwarzen Augen, so abgezehrt und mager, dass nur noch die Haut um den Körper zu hängen scheint. Diesen küsst der Noviz. Nun schreitet man zu der abscheulichsten Unzucht ohne Rücksicht auf Verwandtschaft.“ Die absurden Vergehen, wie Kotessen, Menschenfleisch kochen und Ähnliches sind aber sicher Schilderungen gefolterter Opfer. Interessanterweise sind die Beschreibungen eines Hexensabbats in fast allen Regionen identisch. Danach trafen sich zu allen hohen Kirchenfeiertagen Hexen und Hexer und ritten auf Besen zu Hexenbergen. Dort wurden sie vom Meister, dem Teufel, empfangen. Dann mussten sie Gott abschwören und dem Teufel huldigen. Als Hostie wurde getrocknetes Blut gegessen. Nach den Unterweisungen in Zauber- und Giftkunde folgte das Hexenmahl. Neben Aas und Kot wurden auch richtige Speisen serviert, allerdings alles ohne Salz, denn Salz galt als heilig und hatte auf dem Hexensabbat nichts zu tun. Besonders gerne aßen Hexen kleine gebratene Kinder, die sie geklaut hatten. Reichlich Wein wurde aus Totenschädeln genossen. Im Anschluß an das Hexenmal stand der Hexentanz, eine orgiastische Veranstaltung, bei der sich alle Beteiligten nackt in verzerrten Verrenkungen zu satanisch wilder Musik im Kreise drehten, bis alles in einem wahllosen Geschlechtsverkehr zwischen den Anwesenden endete.

Ursprünge

Mit Sicherheit sind die unter fürchterlichen Qualen aus den Verhörten herausgepressten Beschreibungen, zum Teil uminterpretierte Erzählungen der frühzeitlichen Fruchtbarkeitsriten und heidnischer Überlieferungen, die zu allen Zeiten in Sagen und Märchen sowie Bräuchen fortlebten. Man kann sich leicht vorstellen, dass die bis zur Bewusstlosigkeit gepeinigten Opfer, die zudem unter unvorstellbar grausigen Bedingungen gefangen gehalten wurden, Halluzinationen entwickelten. Diese oft noch durch Fieber verstärkten Wahnvorstellungen haben aus dem Unterbewusstsein der Opfer Bilder herausgepresst, die dann eben auch häufig sich mit den Vorstellungen anderer gefolterter „Hexen“ deckten.

Der Sabbat

Das im Zuge der Christianisierung ebenfalls mit Argwohn bedachte Judentum lieferte den Namen „Sabbat“. Die Juden, die den Sabbat als höchsten Feiertag der Woche sehen, wurden im 13. Jahrundert ebenfalls als Ketzer verfolgt. Daraus entwickelte sich der Gedanke, dass sich die heidnischen Abweichler an einem geheimen Ort treffen. Der Schritt zur Vorstellung, dass am Hexensabbat Anhänger einer satanischen Gegenreligion schrankenlos ihre Begierden befriedigen, war nun nicht mehr weit.

Teufelsanhänger küssen das Hinterteil ihres Meisters und werden so in den Bund des Satans aufgenommen. Außerdem symbolisiert dieser Gunstbeweis den kirchlichen und feudalen „Lehenskuss“. Am rauschhaften Fest des Hexensabbats hatten alle Hexen und Hexer die Gelegenheit, diesen Gunstbeweis zu liefern.

Die Inquisition

Als die Inquisition mit der Hexenbulle von Papst Innozenz VIII. ihrem Höhepunkt entgegenschritt, standen nicht mehr religiöse oder moralische Gründe im Zentrum. Sein Auftrag, ein Gesetzbuch der Hexenverfolgung zu schaffen, unterstützte vielmehr einen Machtkrieg mit weltlichen Interessen.

Die Inquisition in Europa

Die Inquisition (lat. Untersuchung) hatte als Aufgabe die Aufspürung von Häresie (Ketzerei). Seit Theodosius (380) hatte sie staatliche unterstützung. 1232 wurden durch Papst Gregor IX. Glaubensgerichte eingeführt und dem Dominikanerorden übertragen. 1545 wird die Inquisition im Zuge der Gegenreformation zentral der Kongregation für römische und weltliche Inquisition unterstellt. Ihren Höhepunkt erreicht die Inquisition in Spanien, wo zwischen 1481 und 1808 rund 31 000 Menschen verbrannt (Autodafé) und 270 000 zu Kerkerhaft und Vermögensentzug verurteilt wurden. 1478 wurde die Einrichtung des Großinquisitors geschaffen. Doch nicht nur Hexen und Gottesabtrünnige fielen unter die Opfer, sondern es erfolgte die Ausrottung und Vertreibung aller Juden aus Spanien. Ein Inquisitionsverfahren gestattete die Anwendung von Folter. Der Feuertod war im theologischen Verständnis der einzige Weg zur Rettung der sonst zu ewiger Verdammnis verurteilten Seele.

Die Macht der Päpste

Zwar flüchteten nach Ende der Albigenserkriege zahllose Ketzter in abgelegene Gegenden in Frankreich, Italien, Deutschland und Österreich, doch war dies erst der Auftakt zu den Ketzergerichten und der kirchlichen Verfolgung. Die Inquisitionsbestimmungen nahmen zu. 1227 ging Papst Gregor IX., dem die bisher bischöfliche Verfolgung von Abtrünnigen zu wenig war, dazu über, diese stärker zu bestrafen, und bestimmte dazu den Orden der Dominikaner und Franziskaner. Die auf diese Art ins Leben gerufene päpstliche Inquisition begann ihre Tätigkeit 1232. Die Bischöfe waren zunächst empört über die Beschneidung ihrer Kompetenzen, denn die vom Papst bevollmächtigten Inquisitoren durften von der Kanzel aus gegen die Ketzerei predigen, aber allmählich gingen sie den Inquisitoren zur Hand. Als schließlich 200 Jahre später der Boden bereitet war für eine groß angelegte Vernichtungsaktion, beauftragte Papst Innozenz VIII., der Urheber der Hexenbulle „Summis desiderantes affectibus", die beiden Hexenjäger Heinrich Insistoris und Jakob Sprenger, beides Dominikaner, alles zusammenzustellen, was man über die besten Methoden, Hexen zu erkennen und sie zu überführen, wissen musste. Die beiden erprobten Inquisitoren, Jakob Sprenger hatte zu diesem Zeitpunkt bereits 48 Hexen auf den Scheiterhaufen gebracht, machten sich eifrig an die Arbeit und konnten zwei Jahre später ein Meisterwerk an sexueller Perversion und juristisch untermauerter Menschenverachtung vorlegen. Der „Maleus maleficarum", der „Hexenhammer" wurde 1487 zum ersten Mal gedruckt und erreichte bis 1669, immer mehr vervollkommnet und auf den neuesten Stand der Hexenwissenschaft gebracht, achtundzwanzig Auflagen. In seinen ersten beiden Teilen schildert der Hexenhammer eine Übersicht über das Unwesen und die Künste der Hexen, Schandtaten zu verheimlichen. Im dritten Teil zeigt er auf, wie man Hexen überführen kann, mittels einer genau festgelegten Prozessordnung.

Europas Gesetzbuch

Der Hexenhammer erfreute sich in den zivilisierten Ländern bald allergrößter Beliebtheit und nahm den Rang eines internationalen Gesetzbuches ein. Die großen Renaissancepäste Alexander VI., Julius II. und Leo X. bestätigten seine Gültigkeit. Die Inquisitoren konnten nun ungehemmt und mit „gutem Gewissen" arbeiten und sich nebenbei noch bereichern.

Denn das Vermögen der Verurteilten wurde konfisziert und ein Teil davon den Hexenrichtern übereignet. Der Hexenwahn blieb auch nicht auf die katholische Welt beschränkt, sondern bekam durch Martin Luther und die Reformation neue Nahrung.

Im England erreichte er seinen Höhepunkt unter der jungfräulichen Königin Elisabeth, bald darauf wurden die nordamerikanischen Kolonien davon ergriffen.

Die Massenvernichtung gehörte zum Alltag und wurde sogar mit moralischem Stolz vorgenommen: Ein sächsischer Richter rühmte sich, dreiundfünfzigmal die Bibel gelesen und dazwischen zwanzigtausend Hexen verurteilt zu haben.

Veränderte Beweisführung

Vor dem Beginn der Inquisition musste bei einem Vorwurf der Hexerei eine Privatklage folgen. Interessanterweise gab es bei so einem Prozess immer einen Verurteilten. Zum einen war der Kläger beweispflichtig, zum anderen war er so verdächtig wie der Beklagte selbst. Stellte sich die Unschuld des Beklagten heraus, so wurde dieser freigesprochen und der Ankläger mit der Strafe bedacht. Im Falle der Schuldigsprechung wurde der Angeklagte verurteilt. Damit man sichergehen konnte, dass beide vor Gericht erschienen, wurden sie vor dem Prozess beide eingesperrt. Unschwer zu verstehen, dass unter solchen Umständen nur wenige bereit waren, eine so schwere Anklage zu erheben. Dies änderte sich schlagartig mit der Inquisition, als Kirche und schließlich auch weltliche Macht die Anklagen erhoben und die Prozesse nach den Regeln des Hexenhammers führten.

Brennende Scheiterhaufen waren im angehenden 15. Jahrhundert keine Seltenheit, da auch andere Vergehen außer der Hexerei mit dieser Methode geahndet wurden. Zudem war die am meisten verfolgte Gruppe die der ungebildeten, einfachen Frauen, die Kräuterkunde, Hebammen- oder Heilwesen betrieben. Diese Frauen konnten weder lesen noch schreiben und sich nicht entsprechend verteidigen. Die weitere Gruppe der Bettlerinnen und Schwachsinnige standen sowieso am Rande der Gesellschaft, weshalb sich zunächst niemand über die sich mehrenden Verbrennungen Sorgen machte. Erst als die Verfolgung auch andere Schichten erreichte, schreckte man auf, allerdings war es da schon zu spät: Der Willkür der Hexenjäger waren bereits Tür und Tor geöffnet.

Der Hexenhammer

Die wahnwitzige Hetzschrift der beiden Dominikanermönche Heinrich Insistoris und Jakob Sprenger ermöglichte sämtlichen Hexenjägern ihr Werk mit aller päpstlicher und weltlicher Rückendeckung und last not least reichlicher Entlohnung zu tun.

Die dreiteilige Hetzschrift

Der dreiteilige Hexenhammer, dieses Handbuch der Hexenverfolgung, wurde in den zwei Jahrhunderten, in denen es immer wieder aufgelegt wurde, ins Französische, Lateinische, Italienische und Englische übersetzt. Ausgehend von den Hexenvorstellungen biblischer Zeiten, mischten sich in den rund 250 000 Wörtern Aberglaube, von der Kirche verbreitete Doktrinen zur Häresie und Dämonenverehrung mit praktischen Anweisungen und juristischen Belehrungen zur Zeugenvernehmung.

Der erste Teil

Der erste Teil definiert den Begriff Hexe und schildert die Macht der Hexe, Böses zu tun. Vor allem wird ihr vorgeworfen, in sexuellen Dingen allen denkbaren Schaden auszuüben: vom verhexten Glied über die verlorene Manneskraft bis zur Kastration. Dies alles stand außer Zweifel: Der Hexenhammer bestätigte in jeder Zeile, dass es Hexen gab und dass sie ihr Werk nur im Verbund mit dem Teufel tun konnten. Zu diesem Bild vom Teufelsbund kam noch der in den Vordergrund gestellte Aspekt der unersättlichen sexuellen Begierde der Frau an sich. Die Boshaftigkeit der Frau und ihre Gefährlichkeit wurden von den Autoren immer wieder durch Bibelzitate untermauert.

Der zweite und dritte Teil

Der zweite Teil enthält anekdotisch verschiedene Untaten der Hexen. Ganz besonders betroffen von diesen Anschuldigungen sind die Hebammen – sie werden Hexen gleichgesetzt. Ihnen wird vorgeworfen, Verhütungsmittel anzuwenden, Abtreibungen vorzunehmen und neugeborene Kinder über dem Feuer dem Dämon zu weihen. Der dritte Teil beschreibt detailliert die Vorgehensweise bei einem Prozess. Allen drei Teilen liegen ein geradezu pathologischer Frauenhass zugrunde und der Grundtenor, der das gesamte Hasswerk stimuliert: Als sexuell unersättliches Wesen kann nur eine Frau Ketzerei betreiben. Von Natur aus schlecht, wird die Frau zum Sündenbock verurteilt. Nur durch ihren Tod kann die Schlechtigkeit besiegt werden.

Heinrich Insistoris

Als Heinrich Insistoris nach seinem Besuch beim Papst 1485 befriedigt das Bistum Brixen betrat, wusste er nicht, dass, bevor seine monströse Schrift Europa zu einem einzigen Scheiterhaufen machen sollte, er einige Enttäuschungen erfahren sollte. Mit der päpstlichen Bulle ausgestattet, versuchte Insistoris den Bischoff Golser in Tirol von der Verurteilung der Hexen zu überzeugen. Der verhängte allerdings die geforderten Strafen nicht. Schließlich setzte sich Insistoris über die örtlich gemäßigte Verfolgung hinweg und begann fanatisch Frauen zu verhaften. Teilweise nur durch seine Glaubensbrüder assistiert, hielt er Gerichtverhandlungen ab. Golser, der daraufhin den Landesfürsten informierte, erwirkte, dass Insistoris einen groß angelegten Prozess abbrechen musste. Die gefangenen Frauen ließ man frei und Insistoris wurde des Landes verwiesen – eine Forderung, der er nur widerwillig nachkam. Dieses Beispiel zeigt, dass zu einem frühen Zeitpunkt durchaus mutige Menschen sich den irrationalen Methoden der Hexenverfolgung entgegenstellten. Vielleicht mag es auch an der zwielichtigen Gestalt von Insistoris gelegen haben, dass viele seine Ausführungen nicht ernst nahmen, denn sein Lebensweg war von dubiosen Zwischenfällen gekennzeichnet. Einmal wurde er zu schwerem Kerker verurteilt, als er sich in einer Predigt abfällig über den Kaiser Friedrich III. äußerte, dann hatte er Ablassgelder unterschlagen. In beiden Fällen konnte sich der redegewandte Papstanhänger freisprechen.

Der Erfolg des Hexenhammers

Mehrere Faktoren haben wahrscheinlich zu dem ungeheuren Erfolg des grausigen Manifests geführt. Durch die gerade erfundene Buchdruckkunst war es allen zugänglich und weit verbreitet. Das Gros der Bevölkerung war ungebildet und somit leicht zu beeinflussen. Die Stellung der Frau war bereits so herabgewürdigt, dass der Hexenhammer nur noch ein Anstoß zum Töten war. Dadurch, dass sich bei der Vefolgung auch weltliche Würdenträger bereichern und ihre Macht ausbauen konnten, war die Hexenverfolgung ein attraktives Mittel der Einflussnahme. Als sich die Angst vor Verfolgung auch auf die gehobenen Schichten, auf Klöster und Gelehrte ausweitete, brannte Europa schon lichterloh und kaum jemandem war noch zu trauen. Die Denunziation, Prozesse, Folter und öffentliche Hinrichtungen bestimmten den Alltag in einer Zeit, in der sowieso der Tod ein ständiger Begleiter war.

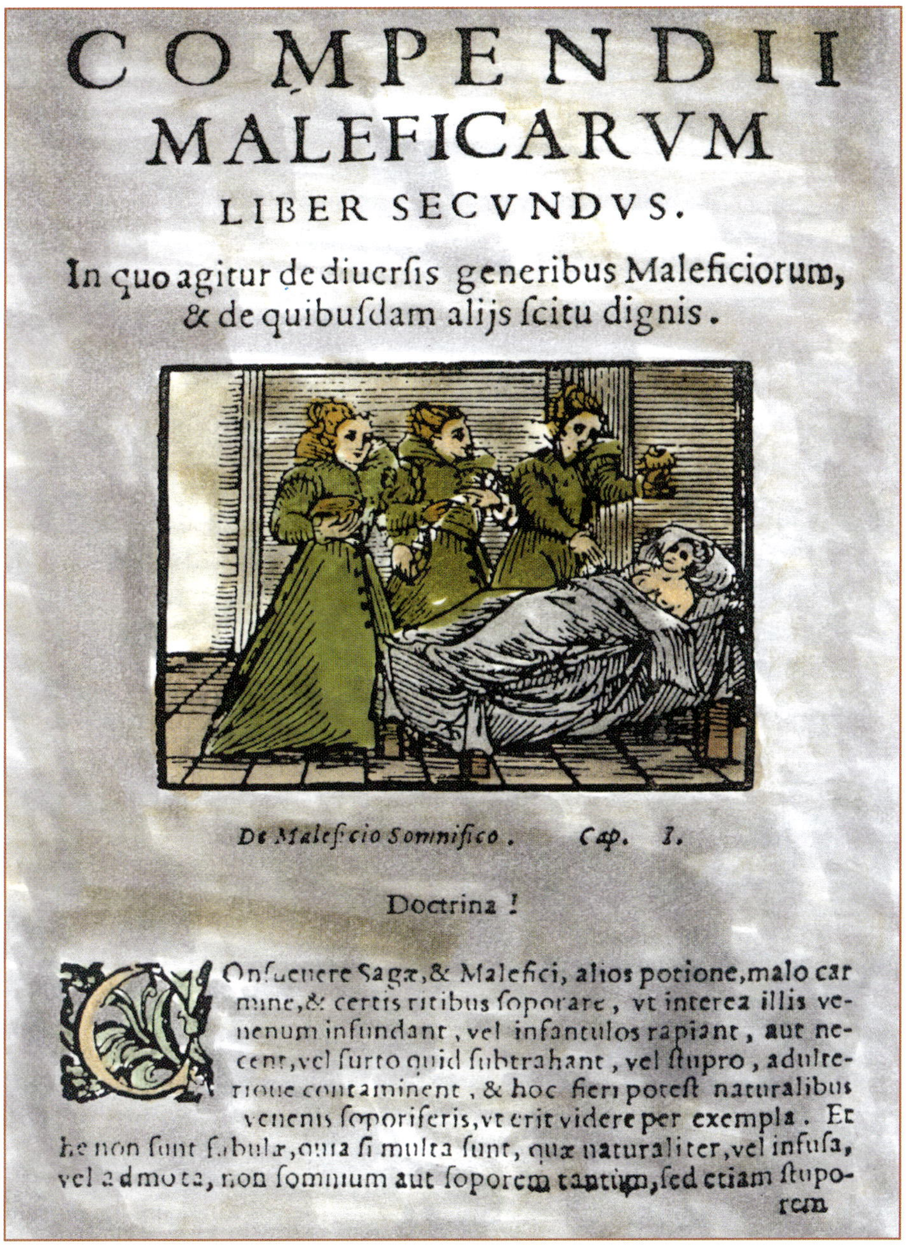
COMPENDII MALEFICARVM

LIBER SECVNDVS.

In quo agitur de diuersis generibus Maleficiorum, & de quibusdam alijs scitu dignis.

De Maleficio Somnifico. Cap. I.

Doctrina !

COnsueuere Sagæ, & Malefici, alios potione, malo carmine, & certis ritibus soporare, vt interea illis venenum infundant, vel infantulos rapiant, aut necent, vel furto quid subtrahant, vel stupro, adulterioue contaminent, & hoc fieri potest naturalibus venenis soporiferis, vt erit videre per exempla. Et hæ non sunt fabulæ, quia si multa sunt, quæ naturaliter, vel infusa, vel admota, non somnium aut soporem tantum, sed etiam stuporem

Zeittafel

- 1430: Die Jungfrau von Orleans wird verbrannt.
- 1440: Der Mainzer Johann Gutenberg erfindet den Buchdruck mittels der beweglichen Lettern.
- 1490: Kolumbus entdeckt Amerika.
- 1509 – 1547: Heinrich III. wird König von England und löst die Kirche von Rom ab. Es entsteht die anglikanische Kirche.
- 1483 – 1543: Martin Luthers Thesenanschlag löst die Reformation aus.
- Zwischen 1452 und 1564: Leonardo da Vinci, Raffaelo Santi, Michelangelo Buonarroti und Albrecht Dürer schaffen die großen Kunstwerke der Renaissance.
- 1466 – 1536: Erasmus von Rotterdam ist der größte europäische Humanist und Schriftsteller.
- 1473 – 1543: Nikolaus Kopernikus begründet das kopernikanische Weltsystem mit der Sonne als Mittelpunkt.
- Um 1500: erste Polizeiordnung und Gerichtsordnung mit peinlichen Befragungen und Folter.
- 1558 – 1603: Elisabeth I. ist Königin von England.
- 1580: Galileo Galilei, Mathematiker und Philosoph, macht physikalische Exprimente. Er verteidigte das kopernikanische System und musste unter dem Druck der Inquisition dem „Irrtum" abschwören.

Dem Urwerk der Hexenverfolgung, dem Hexenhammer, sollten im Laufe der Verfolgung noch viele ähnliche Werke nacheifern, wie dieses Kompendium aus Italien um 1609.

Der Prozess

Der Hexenkessel

Die Vorstellung, dass Drogen von den Hexen in den so genannten Hexenkesseln gebraut wurden, entstammt dem damaligen häuslichen Leben der Frauen. Da der Kessel für die Frauen des Mittelalters und in der frühen Neuzeit das wichtigste Haushaltsgerät war und da sie auch die Speisevorbereitung kontrollierten, hatte man große Angst, dass Frauen sich als Giftmischerinnen betätigen könnten. Besonders verfolgt wurden aber auch die Hebammen, die ja zur Ausübung ihrer Tätigkeit häufig lindernde Tees und Tinkturen kochen mussten, abgesehen davon, dass zu jeder Geburt heißes Wasser benötigt wurde. So traf sie der Vorwurf der Hexerei schnell. Schnell erhoben die Inquisitoren Anklage, gar wenn der Hebamme ein Kind bei der Geburt starb. Die oft recht einfachen Frauen konnten sich den Vorwürfen nicht widersetzen und wurden des Ritualmordes angeklagt. Das Bild des dampfenden Kessels findet sich auf zahlreichen Hexendarstellungen des Mittelalters. Es symbolisert die überschäumenden Triebe als Zeichen der großen psychischen Macht der Hexen. In der Tat hat im 20. Jahrhundert Sigmund Freud bei der Entwicklung der Psychoanalyse das „Dampfkesselmodell“ als Zeichen menschlichen Seelenlebens entwickelt.

Der Hexenhammer enhielt genaueste Anweisung, wie im Prozess mit Hexen zu verfahren sei. Der Gewalt, der Willkür einzelner, Fanatikern und dem grenzenlosen Sadismus waren Tür und Tor geöffnet und dies völlig legal und mit Zustimmung von Staat und Kirche.

Prozessordnung

Der dritte Teil des Hexenhammers enthält, wenn man so will, die detaillierte Anweisung zum Töten verdächtiger Personen. Als Erstes erfolgt die Aufforderung zur Denunziation. Dafür sollten an allen Rathäusern und Kirchen Anschläge erfolgen, die unter Androhung der Exkommmunizierung alle auffordern, verdächtige Personen, also Ketzer und Hexen, anzuzeigen. Dem Aufruf zur Denunziation folgt eine genaue Beschreibung der Zeugenverhöre. So durften auch Verbrecher und Exkommunizierte aussagen, sogar Hexer gegen Hexen oder Ketzer gegen Ketzer und vor allem Familienmitglieder gegen andere Mitglieder ihrer eigenen Familie. Es wurde alles aufgeboten, um Hexen zu belasten, aber nichts, um sie zu entlasten. Die Denunzianten durften anonym bleiben. Verteidiger waren so gut wie nie anwesend und wenn, dann wurden sie aufgefordert, sich nicht der Ketzerei durch Verteidigung eines wegen Ketzerei Verdächtigen schuldig zu machen. Diesem Gedankengang kann man entnehmen, dass der Verdächtige bereits ein Schuldiger war – ein Denkfehler, der die Hexenprozesse umso schauerlicher machte.

Da Folter in der normalen Gerichtsordnung nur unter Einschränkungen erlaubt war, entwickelte man für das „Super“verbrechen der Hexerei ein Ausnahmegesetz, das Torturen schon beim leisesten Verdacht zuließ. Bei den Gerichtsverhandlungen ging es oft turbulent zu. Viele Menschen wurden Zeuge oft hochnotpeinlicher Verhöre.

Folter als Mittel der Erkenntnis

Eine ausführliche Beschreibung wird schließlich der Folter gewidmet. Hier zeigt der Wahnsinn des Hexenhammers seine wahre Dimension. So heißt es darin, dass die Hexe vom Teufel unempfindlich gegen Schmerz gemacht würde und somit jede vorstellbare Art der Folter erlaubt sei. Mitleid konnte also ausgeschlossen werden. Warum bei dieser Annahme den Peinigern nicht jeder Schmerzensschrei der Gefolterten hätte sagen müssen, dass es

Verbale und körperliche Demütigungen waren der Anfang der Verhöre.

wohl keine Hexe sein könne, ist unverständlich, aber Logik war das Letzte, was in dieses System gepasst hätte, denn der irrationale Glaube an die Hexen zog eine irrationale Verfolgung derselben nach sich.
Beim Inquisitionsprozess stand die Schuld von vorneherein fest, sie musste nur noch durch das durch Folter erwirkte Geständnis bewiesen werden.
Die weltlichen Gerichte fanden immer einen Beweis der zu Ungunsten der Beschuldigten ausgelegt werden konnnte. Das eigentliche Interesse der Inquisitoren bestand aber nicht an der leiblichen, vor Angst zitternden Person, die vor ihnen stehend dem Wahnsinn nahe war, sondern dem angeblichen Teufel, der hinter ihr unsichtbar stand und sie gegen die Schmerzen der Folter unempfindlich machte. Deshalb wurden die Amtsstuben mit Weihwasser besprengt.

Die Venichtung der weisen Frau

An kaum einem Berufsstand lässt sich die absurde Verfolgung besser aufzeigen als am Stand der weisen Frauen, der Hebammen. Das Wahnsinnige an der Verfolgung war, wenn erst einmal ein Verdacht geäußert wurde, war der Verfolgung durch nichts mehr zu entkommen. Konnte eine weise Frau zum Beispiel eine Krankheit nicht heilen, war sie verdächtig. Trat eine sichtbare und überraschende Heilung ein, konnte dies auch nicht mit rechten Dingen zugehen. War man zu eifrig im Kirchgang, war dies vielleicht nur Tarnung für eifrigen Umgang mit dem Teufel. Wurde man als Hexe denunziert, musste eine Frau so rasch als möglich eine Klage bei Gericht einreichen, tat sie es, lieferte sie sich dem Richter und seiner Befragung auch aus. Es war ein „Mühle-auf-Mühle-zu-Spiel" ohne jede Chance. Die nötigen Indizien zur Verurteilung waren so schnell gefunden und kaum eine entkam dem Todesurteil.

Die Verhaftung

Bei der Verhaftung einer Hexe sollten besondere Vorsichtsmaßnahmen beachtet werden. Der Hexenhammer empfahl die Hexe möglichst von hinten zu packen und dann hochzureißen, damit auf diese Art die Verbindung zur Erde unterbrochen und damit die Hilfe des Teufels unterbunden sei. Dieser heidnische Glaube an die magische Erdkraft der Hexen drückte sich auch noch in einer weiteren, für die Eingekerkerten schrecklichen Einrichtung aus: Sie wurden manchmal in den Gefängnissen in kupferne Körbe gesteckt, die an eisernen Haken an der Decke aufgehängt waren. In qualvollen Stellungen, der Kälte der ungeheizten Kerker ausgesetzt, mit nassen Lumpen bekleidet, da sie ihre Notdurft ja auch in diesen Geräten verrichten mussten, starben viele Frauen bereits in der Haft.

Kerker und Befragung

Einem alten Glauben nach galten Hexenweiber als schwerelos, was ihnen auch den Hexenflug ermöglicht haben soll. So galt als Beweis der Schuld ein zu leichtes Gewicht. Dazu wurden die Stadtwaagen manipuliert. Eine einzige Stadt in Holland, Oudewater, erlangte damals Berühmtheit, weil sie sich dieser Manipulation widersetzte. Die Hexenwaage von Oudewater zeigte immer das reale Gewicht der Frauen an, worauf sie freigesprochen wurden. Seltsamerweise waren die Zertifikate von Oudewater europaweit anerkannt und wurden so oft zum letzten Rettungsanker für verdächtigte Personen.

Neben der tatsächliche Folter, die alles an Vorstellung überbot, waren auch schon die Haftbedingungen die reine Folter und sorgten nicht selten für einen vorzeitigen Tod der gepeinigten Frauen.

Der Kerker

Waren die Kerker und Gefängnisse der damaligen Zeit sowieso schon in einem grauenvollen Zustand, so veschlimmerte sich die Lage mit der Hexenverfolgung ins Unvorstellbare. Als sich die Gefängnisse bald als zu klein für die Vielzahl der Verurteilten erwiesen, wurden die so genannten Hexentürme geschaffen. Dort herrschten derart entsetzliche Verhältnisse, dass sich die Gerichtsbeamten oft weigerten, sie zu betreten. Durch Falltüren und Leitern wurden die Gefangenen mehrere Meter tief herabgelasssen. Dort mussten sie auf fauligem Stroh, in Ketten oder an Holzkreuze gebunden oft monatelang auf ihr Verhör warten. Dazu kam, dass die Gefangenen nach den schmerzhaften Vernehmungen mit zerschundenen Gliedern in Balken gelegt wurden, in denen sie nur in gekrümmter Haltung ausharren konnten. Somit unbeweglich gemacht, nagten Ratten und anderes Ungeziefer unbehelligt an den blutigen Stellen. Die Kleider faulten den Bedauernswerten am Leibe, die Zehen erfroren und die Essensversorgung war so schlecht, dass die fast zum Gerippe abgemagerten Frauen das Essen wieder auspuckten. Kot, eitrige Geschwüre und alle Arten von Infektionen machten die Gefängnisse zu bestialisch stinkenden Todesgruben, so dass mancher Gefangenen der Vollzug des Todesurteils als Ende der Qualen erschien. Doch auch in dieser qualvollen Situation machte die absurde Logik der Verfolger nicht Halt. Fand man am Morgen eine tote Gefangene, war sie natürlich nicht an den Verletzungen oder den unzumutbaren Bedingungen gestorben, sondern der Leibhaftige hatte sie umgebracht, weil sie ein Geständnis abgelegt hatte.

Das Verhör

Durch die Kerkerhaft seelisch und körperlich gebrochen, kamen manche Hexen und Hexer schon geständig vor den Richter. In der „gütlichen" Befragung der Richter

Die Hexenprobe

Um die Schuld einer Hexe festzustellen, wurde sie häufig den so genannten Hexenproben unterzogen. Am häufigsten war die Nagelprobe. Zu diesem Zweck wurde der Hexe jedes Haar am Körper abgezogen und die Haut nach Teufelsmalen untersucht. Das konnte jedes Muttermal, jede Warze oder Narbe sein. Zum richtigen Stigma wurde die Stelle erst, wenn sie sich als schmerzunempfindlich erwies. Der Folterknecht begann also mit einer Nadel draufloszustechen, bis er eine Stelle gefunden hatte, die sich als schmerzunempfindlich erwies. Damals fehlte das Wissen, dass Menschen, die über längere Zeit solchen Torturen ausgesetzt sind, allmählich den Schmerz nicht mehr orten können. Ein weiteres Mittel war die Wasserprobe. Man fesselte die Angeklagte dabei an Armen und Beinen kreuzweise. Dann wurde sie an einem Seil im Fluss versenkt. Ging sie dabei nicht unter, war es ein Beweis ihrer Schuld. Wahrscheinlich ist, dass die Folterknechte durch Straffziehen des Seils ein Untergehen verhindert haben. Die Frau ertrank so qualvoll kurz unter der Wasseroberfläche. Die Wasserprobe beruhte auf dem Aberglauben der Leichtigkeit der Hexen, die ein Untergehen verhindern sollte. Die Schwerelosigkeit der Hexen führte zu einer weiteren Hexenprobe: dem Wiegen. Durch Manipulation der Stadtwaagen wurden die Frauen als zu leicht befunden oder gar ohne Gewicht. Die kleine holländische Stadt Oudewater hat durch ihre Unbestechlichkeit vielen Hexen das Leben gerettet. Aber dies blieb ein Einzelfall.

waren Suggestions- und Fangfragen erlaubt, sogar die Lüge, wie zum Beispiel ein Inaussichtstellen von Straffreiheit. Die bis zu 90 Fragen umfassenden Interrogatien enthielten auffallend detaillierte Fragen nach der Sexualität der Beschuldigten. Sie umfassten Fragen nach der Teufelsbuhlschaft bis zu Sodomie und anderen Perversionen. Zeugen wurden vernommen, allerdings nie Entlastungszeugen.

Die Wasserprobe galt als sicheres Mittel, ein Gottesurteil zu erwirken. Ging die Frau unter, war sie keine Hexe, ertrank aber trotzdem. Ging sie nicht unter, war sie eine Hexe und wurde zum Tode verurteilt. Die Wasserprobe als Beweis einer Schuld beruht auf dem Glauben, dass Wasser, durch die Taufe Christi im Jordan gereinigt, keine Verbrecher aufnähme.

Der Holzschnitt um 1508 zeigt die Vielfalt der Grausamkeiten, die von Gesetz wegen zum Erfragen angewendet werden konnten. Das Brennen, das Aufziehen mit Gewichten an den Füßen und das Zertrümmern der Finger führten dazu, dass kaum ein Verdächtiger, auch wenn er um eine Todesstrafe herumkam, unbehindert weiterleben konnte. Die meisten fristeten in bitterer Not und als Krüppel ihr Leben.

Folter und Hinrichtung

Waren genug Indizien erbracht, dass es sich bei der verdächtigen Person um eine Hexe handelte, wurde sie noch mal von zwei „verständigen und tauglichen" Personen befragt, ob sie gestehen wolle. Blieb sie „verstockt", wurde die Tortur angekündigt.

Stufen der Folter

Zunächst wurden die angekündigten Marterinstrumente gezeigt, als zweiter Schritt wurden die Folterinstrumente bereits auf grobe und schmerzhafte Weise angelegt, ohne sie aber im eigentlichen Sinn zu gebrauchen. Meistens brachen dann die Hexen oder Hexer zusammen und gestanden, was die Richter hören wollten. In vielen Fällen wurden dann die Angeklagten doch noch gefoltert, weil man davon ausging, dass sie zu wenig gesagt hatten.

Die Methoden

Am gebräuchlichsten waren die Daumenschrauben. Zwei Metallplatten wurden so um die Finger verschraubt, dass durch Anziehen der Schrauben das Fleisch aufsprang und die Knochen brachen. Der nächste Foltergrad war das Recken. Dazu wurden dem Opfer die Hände hinter dem Rücken gebunden und es daran aufgehängt, bis durch das Gewicht des Körpers die Arme

Beispiele der Folter

Kaum eine Hexe, die gefoltert worden war, entging dem Tod, denn ein Krüppel hätte ein schlechtes Licht auf die Gerichte geworfen. Manch standhafte Frau dachte, wenn sie nur die Foltern überstünde, würde man sie schon freisprechen – in den meisten Fällen wurden diese Frauen einfach zu Tode gefoltert. So auch die standhafte Tirolerin Barbara Marostiga, die mit insgesamt 27 Torturen zu Tode gefoltert wurde. Sie hatte bis zuletzt nicht gestanden und musste in geweihter Erde, aber ohne Glockengeläut begraben werden. Selbst Greisinnen wurden unvorstellbaren Qualen unterworfen. Das beweist auch das Beispiel der fast 100-jährigen Martha Meßnerin. Sie wurde zusammen mit ihren beiden Töchtern und den zwei Enkelinnen, der zehnjährigen Urschl und der geistig behinderten Christine, im Jahre 1671 Opfer eines grausigen Hexenprozesses. Sie selbst wurde nach anfänglichem Leugnen durch schwere Bindung am Seil mit Gewichten an den Füßen geständig und verendete daraufhin im Gefängnis. Die Töchter wurden mit den „Spanischen Stiefeln" gemartert, worauf sie fantastische Dinge wie Hexenflug und Sabbatorgien gestanden. Sie wurden am Scheiterhaufen erwürgt und dann verbrannt. Die Kinder sollten ebenfalls zu Tode kommen durch die bei Jugendlichen angewendete Methode des Aderöffnens im warmen Bade. Beide überlebten die Strafe, weil sich vermutlich die Hebamme weigerte, diese Tat richtig auszuführen.

ausgerenkt waren. So ließ man die Opfer stundenlang hängen. Verstärkt wurde diese Methode durch Gewichte an den Füßen und das Brennen mit Schwefel. Der Perversion der Folterknechte war keine Grenze gesetzt. Beliebt waren auch die „Spanischen Stiefel". Hier wurden Eisenplatten um Wade und Schienbein gelegt. Dann wurden die Platten so zusammmengeschraubt, bis die Knochen brachen. In vielen Fällen goß man in die „Spanischen Stiefel" heißes Pech. Besonders gefürchtet war der Hexenstuhl. Dies war eine Bank mit messerscharfen Sitzhölzern, denen die Gefolterten durch eine besondere Form der Fesselung nicht entgehen konnten. Die volle Wirkung erzielte diese Grausamkeit durch die Länge der Anwendung. Nach 36 Stunden wurden die meisten wahnsinnig und starben. Ein weiteres Ziel der Folter waren die Geschlechtsteile. Mit brennenden Kerzen im Schoß mußten die Opfer schwerste Verbrennungen ertragen. Der so genannte Bock war ein scharf zulaufender Keil, auf den die Hexen nackt gesetzt wurden. In Folge ihres Körpergewichts schnitt das Instrument tief in den Damm und in die Scham ein. Wahnsinig vor Schmerzen, gestanden die Gefolterten meist schon im Fieberwahn alle möglichen Fantasien und bestärkten die Inquisitoren so in ihrem Verfolgungswahn.

Dass der Teufel die verbrennenden Hexen aus dem Scheiterhaufen erlöse, war ein weit verbreiteter Aberglaube.

Die Hinrichtung

Lagen alle Geständnisse vor, wurden diese öffentlich vorgetragen und die Verurteilten wurden im Büßergewand mit zerschlagenen Gliedern auf einem Karren zum Hinrichtungsort gefahren. Die Hinrichtungsarten waren entweder das Verbrennen bei lebendigem Leib, Erdrosseln oder Tod durch das Schwert. In ganz schweren Fällen, wenn das Opfer nicht bereit war, vor seiner Hinrichtung Buße zu tun, wurde es zum Richtort geschleift oder ihm wurde vorher noch die Hand abgehauen. Besonders grausige Szenen spielten sich ab, wenn der Scharfrichter die Strafe nicht richtig ausführte, das heißt, das Opfer minutenlang mit dem Tod rang, weil ihm der Kopf nicht richtig abgehauen worden war oder es zu langsam erdrosselt wurde. Kaum zu glauben, dass sich die Grausamkeiten noch derart steigern ließen!

Ungerührt sahen Richter, Amtsschreiber, Beisitzende und Zeugen den Qualen der Gefolterten zu.

Freigeister sind Feinde der Kirche

Neben der dunklen Kraft der Inquisition, neben den engstirnigen Versuchen, ein rein theologisches Weltbild mit Gott im Zentrum aufrechtzuerhalten, entwickelte sich in ganz Europa ein geistiges Potential, das wohl zu kaum einer Zeit so eine innovative Kraft hatte wie in der Renaissance. Kepler, Galilei und schließlich Giordano Bruno entdeckten das neue kosmologische Weltbild: die Welt, die sich um die Sonne dreht. Kepler war zu sehr Astronom, um eine theologische Grundsatzfrage daraus zu machen. Galilei, der natürlich erkannte, dass der Kosmos so kaum mehr auf einen Gott reduzierbar war, widerrief seine Zweifel und wurde nach jahrelanger Verbannung freigesprochen. Allein Giordano Bruno (1548–1600), der universalgelehrte Philosoph, ging offensiv gegen die Lehre der Kirche vor. Dem kopernikanischen Weltsystem verbunden, vertrat er in seinen Lehren die Unendlichkeit der Welt und eine Vielzahl und Gleichwertigkeit der Weltsysteme. Als ehemaliger Dominikaner zweifelte er die kirchlichen Dogmen zu Gunsten einer pantheistischen Lehre der Weltseele an. Seine metaphysische Kosmologie hatte entscheidenden Einfluss auf die Anthropologie. Bruno widerrief seine Thesen auch nach acht Jahren Haft und grausamster Folter nicht. Er wurde am 17. Februar 1600 auf dem römischen Campo de Fiori verbrannt und ist bis heute von der katholischen Kirche nicht rehabilitiert.

Männer in den Zeiten der Inquisition

Zwar gab es die ganze Hexenverfolgung hindurch immer wieder kritische Stimmen, vor allem unter sehr gelehrten Männern, doch konnten sie sich nicht durchsetzen, ja es war sogar höchst gefährlich, die Existenz von Hexen anzuzweifeln, denn das hieß, die Kirche anzuzweifeln und das wiederum war Ketzerei.

Das Geschlecht entscheidet

Tatsache ist, dass 80 Prozent der Hingerichteten Frauen waren. Nicht nur das zerrüttete Frauenbild des Spätmittelalters, sondern auch das Bildungsgefälle und die sozialen Unterschiede zwischen Männern und Frauen machten sich hier bemerkbar. So war es Männern möglich, sich zu bilden. Die meisten Frauen konnten weder lesen noch schreiben und waren den verklausulierten Fragen der männlichen Befrager gar nicht gewachsen. Dazu kam, dass sämtliche Berufe, die im Verdacht standen, Hexenkünste zu beinhalten, nur von Frauen ausgeübt worden waren, wie das Hebammenwesen, die Kräuterkunde und das Weissagen.
Die Männer hingegen, die sich mit Astrologie beschäftigten, waren gerne gesehene Gäste an den königlichen Höfen. Diejenigen, die studiert hatten, durften sehr wohl und unbehelligt ihre Heilkünste ausführen und die Alchimisten wurden von allen einflussreichen Menschen um Rat gefragt, da sie im Rufe standen, Gold machen zu können.

Mutige Männer

Nur wenige Männer trauten sich, ihre Zweifel an all dem Dämonenzauber kund zu tun. Einer war Johann Weyer, Arzt (um 1550), dessen Schriften sich gegen den Glauben an Dämonen und Magie richten. Er wurde zwar als Hexer angeklagt, konnte aber fliehen. Sein Werk fand große Verbreitung, konnte allerdings den Wahnsinn nicht aufhalten. Im 17. Jahrhundert, als die Verfolgungen am schlimmsten wüteten, haben die Stimmen der Gegner zugenommen. Einer der angesehensten Theologen seiner Zeit, der Jesuit Adam Tanner (um 1600), plädierte für gerechtere Gerichtsverfahren und mildere Folter, um Unschuldige nicht unnötig zu quälen. Er wurde dafür heftigst aus eigenen Reihen angefeindet. Ein wirkliches Mitleid mit den unschuldigen Frauen hatte allerdings erst ein Ordensbruder von ihm, Friedrich Spee. Er veröffentlichte 1631 ein Plädoyer für die geschundenen Frauen, die „Cautio criminalis“ (Vorsicht in den Prozessen). Als Beichtvater bei zahllosen Prozessen hatte er all die Not erlebt und umso stärker emp-

funden, da er nicht an Hexen glaubte. Auch dieses Werk hat zwar das Wüten nicht stoppen können, hatte aber öffentlichen Einfluss zum Beispiel auf Königin Christine von Schweden. Wirklich gestoppt konnte der Irrsinn erst durch die geistige Haltung der Aufklärung werden.

Manche Bischöfe schienen geradezu im Wettstreit zu liegen, wer die meisten Hexen verbrannt hatte. Im Jahre 1630 ließ der Bischof von Bamberg 600 Frauen und etliche Männer verbrennen, der Bischof von Würzburg schickte im selben Jahr 1200 Männer und Frauen auf den Scheiterhaufen und 1676 ließ der Erzbischof von Salzburg 100 Frauen wegen Verursachung einer Viehseuche hinrichten.

Auch Männer werden verfolgt

Als Johannes Kepplers Mutter im Verdacht stand, eine Hexe zu sein, konnte er die alte arme Frau nur durch seinen Einfluss retten. Ein paar Jahre später wäre das wahrscheinlich nicht mehr möglich gewesen.
Denn waren es zu Beginn der Hexenverfolgung hauptsächlich Frauen aus den unteren Schichten, so nahm zum Höhepunkt der Verfolgung auch die Schuldigsprechung von Frauen aus höheren Kreisen und von Männern zu. Einerseits gab es dafür wirtschaftliche Gründe , schließlich wurden den Verurteilten alle Güter genommen, andererseits gab es Machtgründe, denn kaum ein Mittel war so einfach, jemanden zu entmachten, wie ihn der Hexerei zu beschuldigen.
Als dritter Grund musste die Sippenhaft herhalten: Waren in einer Familie schon alle weiblichen Mitglieder auf der Folter oder auf dem Scheiterhaufen gestorben, hatten sie mit Sicherheit in ihrer Not auch die männlichen Familienmitglieder denunziert.

Berühmte Männer in der Zeit der Hexenverfolgung

Hätten Frauen all die Tätigkeiten ausgeführt, die einige Männer des Mittelalters und Barockzeitalters zu Berühmtheiten und Wegbereitern der Wissenschaften machten, dann wären sie vermutlich verbrannt worden. Horoskopkünste, Alchemie und Experimente, ausgeführt durch Männer, standen in hohem Ansehen. Sollten die Männer doch einmal angeklagt werden, entgingen sie zumindest bei Widerruf der Todesstrafe. Albertus Magnus, Alchimist, Naturforscher und Theologe (1200–1280), wandte sich neben seinen herausragenden Verdiensten in Naturwissenschaften und Theologie gegen viele mythische Vorstellungen. Francis Bacon, Philosoph und Staatsmann (1561–1626), forderte statt Magie streng wissenschaftliche Vorgehensweise in der Wissenschaft. Paracelsus, Arzt und Forscher (1493–1541), verfasste zahlreiche Werke über die Wundheilung und über Krankheitsursachen. Galileo Galilei, Mathematiker und Physiker (1564–1642), wurde als Ketzer angeklagt und konnte durch Widerruf sein Leben retten. Johannes Kepler, Astronom (1571–1630), stellte Wallenstein aus wirtschaftlichen Gründen die Horoskope aus. Nostradamus, Mathematiker und Astronom (1503–1566), schuf die bis heute lebendigen dunklen Prophezeiungen.

Kinder – Opfer der Hexenverfolgung

In einer Zeit, da Tod und Folter an der Tagesordung waren, machte das schreckliche Wüten auch nicht vor den Unschuldigsten aller Unschuldigen Halt: den Kindern. Im 16. Jahrhundert gab es die meisten Kinderprozesse während der ganzen Hexenverfolgung.

Werkzeuge der Gerichte

Um zu möglichst vielen Geständnissen zu kommen, begann man bei den schwächsten Personen, von denen also der geringste Widerstand zu erwarten war. So waren die Kinder und Jugendlichen bei den Befragungen bereits durch ein paar Rutenstreiche so eingeschüchtert, dass sie die gewünschten Antworten gaben.

Man kann sich kaum vorstellen, unter welchen Seelenqualen die oft erst 5- oder 6-jährigen Kinder ihre eigenen Eltern und Verwandten schwer belasteten. Aber auch die Jugendlichen beugten sich bereits meist beim Anblick der Daumenschrauben und erzählten abenteuerliche Sexualpraktiken der Mütter.

Die Mütter, die dann mit der belastenden Aussage der Kinder konfrontiert wurden, sollten so mürbe gemacht werden.

Gequälte Seelen

Zu den schrecklichen Erfahrungen vor Gericht kam für die Kinder noch hinzu, dass ihnen die Mütter fehlten, die von ihnen selbst angeklagt worden waren, ja, dann, bevor sie sowieso starben, oft monatelang im Gefängnis schmachteten. Aber darüber hinaus mussten die Kinder nicht selten den Hinrichtungen ihrer Mütter und Geschwister beiwohnen. So wurde die Landstreicherin Emeranziana Pichler samt ihren vier Kindern und ihrer Mutter zum Tode verurteilt.

Das jüngste Kind allerdings musste diese Hinrichtung mit ansehen. Dann wurde es mit Rutenstreichen gezüchtigt und in eine Erziehungsanstalt gesteckt. Wurden Kinder zwischen 10 und 14 Jahren hingerichtet, wurde die „mildeste“ Form, der Tod durch das Fallbeil, angewendet. Kindern unter 10 Jahren wurden in einem warmen Bad die Adern geöffnet, um sie verbluten zu lassen.

So geschah es auch dem neunjährigen Mathiesl aus Fürstenfeld im Jahre 1680. Der Junge überlebte die Tortur und wurde in das Barmherzigenspital nach Graz gebracht, damit die dortigen Glaubensbrüder den Buben christlich erziehen sollten. Die Mönche weigerten sich allerdings, das „Hexen-

Die Phantasie der Kinder bringt den Tod

Eine der schlimmsten Kinderverfolgungen hat in Schweden stattgefunden. Das ist umso verwunderlicher, als in diesem protestantischen Land der Hexenwahn kaum bekannt war. Bis heute gibt es keine plausible Erklärung, warum es zu diesem Einzelphänomen kommen konnte. Man nimmt an, dass die über schwedische Söldner importierten Schreckensgeschichten aus dem Europa des 30-jährigen Krieges zusammen mit der in Schweden beheimateten heidnischen Vorstellung von Feen, Trollen und Zauberwesen eine Rolle gespielt haben. So wurden an die 300 Kinder aus zwei kleinen Gemeinden von einer eigens aus Stockholm beorderten Untersuchungskommission verhört. In diesen Verhören gaben die Kinder fast einhellig an, dass die Frauen aus ihren Dörfern vom Teufel zum Sabbat mitgenommen worden seien. Die kindlichen Ausschmückungen trieben bei den Beschreibungen erst richtig Blüten, als die Kommissare immer tiefer in sie drangen und Angst und Phantasie immer härtere Anschuldigungen hervorbrachten. Die anfänglich harmlosen Schilderungen, die durchaus der ländlichen Umgebung der Kinder entsprangen, gerieten zu Wahnvorstellungen, bei denen die Kinder teilweise ohnmächtig wurden. Die erpressten Geständnisse dieser Massenhysterie kosteten 70 Frauen das Leben, darunter viele Mütter und Schwestern der Kinder. 15 Kinder wurden verbrannt. Die anderen mit Züchtigungen bestraft.

Hexenkünste

Als die Hexenverfolgung im 16. Jahrundert ihrem Höhepunkt zulief, unterstellte man den Hexen nicht nur den Pakt mit dem Teufel und Ketzerei, sondern auch allen Schadenszauber, wie Liebeszauber, Wetterzauber, Krankheitszauber und Milchzauber. Deshalb wundert es nicht, dass die Verfolgung immer wieder dort besonders heftig war, wo gerade ein Unwetter die Ernte vernichtet hatte, wo die Pest ausbrach oder wo das Vieh an Seuchen zugrunde ging. Der Liebeszauber wurde oft dann unterstellt, wenn Männer von einer Frau verschmäht worden waren. Die Androhung der Denunziation machte viele Frauen schnell gefügig, was ihnen wiederum den Ruf der sexuellen Zügellosigkeit brachte. Oft genug wurden Frauen missbraucht und hinterher angezeigt. Auffallend ist allerdings auch, wie viele Frauen sich gegenseitig angezeigt haben. Leichtfertig wurden Verdächtigungen des Milchzaubers ausgesprochen, oft um Nebenbuhlerinnen aus dem Weg zu schaffen. Zudem hatten die Frauen den Vorwurf der eigenen Schlechtigkeit so sehr verinnerlicht, dass sie ihrem eigenen Geschlecht nicht mehr trauten. Ein weitere Punkt, der den Frauen immer wieder als Hexerei ausgelegt wurde, war der Kindstod. In einer Zeit, da von drei Kindern zwei innerhalb der ersten drei Lebensjahre starben, suchte man wohl verzweifelt nach einem Grund. Der Aberglaube vom unersättlichen Verlangen der Hexen nach gebratenen Kindern schien da gerade recht zu sein.

kind" aufzunehmen. Mathiesl kam dann in ein Grazer Bürgerspital. Manchmal wurden auch die überlebenden Opfer mit einem Kostgeld, das die Amtskasse bezahlte, bei „ehrbaren" Hausleuten in Obhut gegeben. Anzunehmen ist, dass diese Kinder den Vorwurf, ein „Hexenkind" zu sein, nie wieder loswurden.

Woher die Phantasie der Kinder genährt wurden hat sicher viel Gründe. Mittels Suggestionsfragen wurden den Kindern Ideen eingegeben, die niemals von ihnen selbst kommen konnten. Dazu kamen überlieferte Geschichten, die in jeder Familie erzählt wurden. Die schauerlichen Ereignisse der Hexenprozesse und die drastischen Zeichnungen der zeitgenössischen Künstler konnten bei Fantasiebegabten Kindern zu Horrorvorstellungen führen.

Zeitttafel

- 1572: Bartholomäusnacht: In der Nacht zum Bartholomäustag, dem 24. 8., versammeln sich Tausende von Hugenotten (Bezeichnung für französisch-kalvinistische Protestanten) anlässlich der Hochzeit des späteren Heinrich IV. von Frankreich in Paris. Auf Befehl der Königsmutter und Katholikin Katharina von Medici wurden alle in dieser Nacht ermordet.
- 1564–1630: Kepler und Galilei entdecken wichtige Naturgesetze.
- Um 1600: Shakespeare schreibt seine Dramen, Monteverdi schreibt die erste Oper, Rubens wird Hauptmaler des Barock.
- 1620: Beginn des Sklavenhandels nach Amerika. Mit ihm kommt die Voodooreligion nach Amerika, deren Einflüsse die Hexenverfolgung vor allem in Amerika stark geprägt haben.
- 1618–1848: Dreißigjähriger Krieg.
- 1661–1715: Blütezeit des Absolutismus: Ludwig XIV. regiert Frankreich.
- 1679: Zum ersten Mal wird in England die persönliche Freiheit gesetzlich geschützt.

Europa brennt

Zu Beginn des 16. Jahrhunderts lief die Inquisition auf einen grausigen Höhepunkt zu. Es war auch die Zeit der Gegenreformation. Doch anzunehmen, dass sich die Protestanten, die ja ablehnten, was der Papst der Bibel hinzugefügt hatte, und der mittelalterlichen Tradition der Kirchenväter und Scholastiker kritisch gegenüberstanden, von der Hexenverfolgung distanziert hätten, ist falsch.

Zentren der Scheiterhaufen

Vor allem Martin Luther ist zuzuschreiben, dass die Protestanten mit demselben Feuereifer an die Verfolgung gingen wie die katholische Kirche. Luther, der immer ein besonderes Nahverhältnis zum Teufel hatte, hatte verkündet, dass Hexen wegen ihrer Teufelsbuhlschaft auch dann verbrannt werden sollten, wenn sie keinen Schaden angerichtet hätten. Dieser Anweisung des Vaters der Reformation wurde in den protestantischen Gebieten nur zu gerne nachgekommen. So wüteten die Verfolgungen in ganz Deutschland. Sachsen, Süddeutschland und das Rheinland waren aber besonders betroffen.

Auffallend ist, dass in Gebieten mit besonders vielen Hinrichtungen meist bestimmte Hexenjäger ihr Unwesen trieben. Scheinbar konnten diese sadistischen und grausamen Hexenjäger gerade in ländlichen Gebieten besonders gut die Ängste der einfachen Leute schüren und auf dem Boden des dort oft noch heidnischen Aberglaubens wahre Hexenhysterien schüren. Auch in Österreich gab es vor allem in der Steiermark sehr viele Verurteilungen, darunter auch die zahlreichen und gefürchteten Lebendverbrennungen, die in anderen Gegenden nur in Ausnahmefällen eingesetzt wurden und dann nur mit einer zusätzlichen Pulverkapsel, die die Verurteilten am Hals trugen.

Die letzte Hexe, die in Deutschland 1749 verbrannt wurde, war eine 69-jährige Nonne der Norbertinerinnen.

Europas Herde

Neben Deutschland, dort wurde die letzte Hexe, eine 69-jährige Nonne der Norbertinerinnen, 1749 verbrannt, wütete die Verfolgung vor allem in Frankreich, wo zwischen 1500 und 1670 kaum ein Jahr ohne ausgedehnte Hexenhinrichtung vergangen war. Aber auch Engand, das lange Zeit dem Dämonenglauben skeptisch gegenüberstand und erst 1479 die erste Hexenexekution zu verzeichnen hatte, schickte ab da bis zum Jahr 1684

Dass die mit dem Teufel gezeugte Leibesfrucht einer brennenden Hexe aus dem Bauch springt, zeigt den tief menschenverachtenden Grundgedanken, der die Hexenverfolgung geprägt hat: Die Leben spendende Fähigkeit der Frau wurde verurteilt, Kinder waren ebenso „schuldbeladen" wie Erwachsene. Der Mythos von Fruchtbarkeit, Vermehrung und Mütterlichkeit landete auf dem Scheiterhaufen!

an die 30 000 Menschen in den Tod. In Schottland sollen zwischen 1590 und 1680 rund 4 400 Menschen der Verfolgung erlegen sein.
In Italien bezeugt allein die Hinrichtungsbilanz für das Jahr 1532 – tausend verbrannte Hexen – eine Massenvernichtung. Besonders grausig wütet die Verfolgung in Spanien, wo die Hexenverfolgung nicht an die weltlichen Instanzen übergeben wurde. Hier wurden zwischen 1481 und 1746 an die 34 644 Menschen bei lebendigem Leib verbrannt, weitere 18 043 sollen nach vorheriger Hinrichtung verbrannt worden sein.

Die letzten Scheiterhaufen

Ganz besonders lange hielten sich die Verfolgungen in der Schweiz, wo es schon sehr früh, bereits 1428, zu Hexenprozessen kam. Noch 1737 fanden hier grausige Verfolgungen statt. Das Ausreißen der Zunge mit glühenden Zangen, das Abhacken der Hände vor der Hinrichtung und andere Unvorstellbarkeiten waren beliebte Mittel, um sich geisteskranker, alter, schwacher oder ein wenig sonderlicher Frauen zu entledigen. Im Jahre 1801 sollen in Polen die letzten beiden Frauen hingerichtet worden sein. Sie wurden wegen ihrer entzündeten roten Augen und wegen des kranken Viehs des Nachbarn beschuldigt. Doch das waren traurige Einzelfälle – im Europa des 18. Jahrhunderts wehte ein anderer geistiger Wind.

Der Tod besetzt Europa

**Die genaue Anzahl aller Opfer der Hexenverfolgung wird man wohl nie erfahren, zu hoch ist die Dunkelziffer der Getöteten und über zwei Drittel der Akten sind vernichtet. Man nimmt an, dass die Zahl zwischen 500 000 und fünf Millionen liegt, in der Mitte liegt wahrscheinlich die grausige Wahrheit. Wenn man bedenkt, dass in Nordwesteuropa um 1600 unter fünfzig Millionen Menschen lebten, kam das einer Ausrottung von 20 Prozent der Bevölkerung gleich, nicht gerechnet die Toten, die dann noch der Dreißigjährige Krieg (1618–1648), die Pest und andere Arten der Verfolgung mit sich brachten: Neben den Hexen wurden im Mittelater besonders auch die Juden als Verursacher von Kriegen und Seuchen gesehen: Sie wurden seit dem Einsetzen der Kreuzzüge verfolgt und vertrieben (1348/50 aus Deutschland wegen der Pest, 1306 und 1394 aus Frankreich) und nicht selten in Hexenprozessen hingerichtet, wie in der großen Judenvertreibung aus Spanien (bis 1496).
Da dies zeitgleich war mit den ersten dortigen Hexenprozesssen, ist sicher, dass zahllose Juden dem Autodafé zum Opfer fielen. Autodafé (portugiesisch „Glaubensakt") wurde in Spanien und Portugal die öffentliche Verkündigung und schließlich Vollstreckung des Inquisitionsurteils nach einem Gottesdienst genannt. Das erste Autodafé soll 1481 in Sevilla und das letzte 1815 in Mexiko abgehalten worden sein.**

Besessenheit und Teufelsaustreibung

Als am Ende des 17. Jahrunderts in ganz Europa, ja bereits auch in Amerika die Scheiterhaufen brannten, mehrten sich die Fälle von Besessenheit und Teufelsaustreibung. Mag sein, dass der von Verfolgung, Foltern und Verbrennungen geprägte Alltag allmählich Wahnvorstellungen bei vielen Menschen erzeugte, vielleicht war es einfach auch eine Verarbeitung der Angst, die von den Kanzeln der Kirche, aber auch von den weltlichen Institutionen geschürt wurde, Tatsache ist, dass all die Dinge, die Hexen unterstellt wurden, nämlich wie irre zu sein, abwesend zu sein, in einer anderen Welt zu sein, nun tatsächlich stattfanden.

Wahn und Halluzination

Interessanterweise hatten die Menschen zum Ende des 17. Jahrhunderts wohl die Schrecken so verinnerlicht, dass sie von sich aus Teufelsmacht und Besessenheit spürten. So kam es zu einer Massenpsychose in einem Ursulinerinenkloster an der Loire. Die Nonnen dort fühlten sich von einem Geistlichen verhext. Wohl durch ihre Keuschheitsgelübde gebunden, versuchten sie ihre ausschweifenden sexuellen Gelüste zu kompensieren. So unterstellten sie dem Geistlichen einen lockeren Lebenswandel und die Tatsache, dass er in jede von ihnen sieben Teufel gehext hätte. Mit verrenkten Gliedern und gänzlich entblößt, müssen die wie in Trance befindlichen Schwestern unflätige Worte und wolllüstige Visionen ausgestoßen haben. Die behexten Nonnen lockten aus ganz Frankreich Besucher an, die das Schauspiel erleben wollten.
Drei Exorzisten bemühten sich um die Vertreibung des Dämons. Erst als die Nichte Kardinal Richelieus ihrem Onkel von dem widerwärtigen Schauspiel berichtete, kam es zu einer Einstellung der Unterstützungsgelder und der Spuk hörte rasch auf, obwohl sämtliche Exorzismusversuche bislang fehlgeschlagen hatten. Vermutlich waren die Nonnen im Zuge einer Machtintrige bestochen worden, denn der arme Geistliche war zu diesem Zeitpunkt schon längst, nach unvorstellbaren Foltern, verbrannt worden. Merkwürdigerweise wurden dann aber all die Exorzisten wahnsinnig. So starb der Franziskanerpater, der den Scheiterhaufen des vermeintlichen Hexengeistlichen angezündet hatte, innerhalb eines Monats an geistiger Umnachtung. Die anderen Patres die die Folterungen durchgeführt hatten, wurden alle innerhalb der nächsten fünf Jahre wahnsinnig. Der Amtsarzt, der das angebliche Teufelsmal bei dem Verurteilten entdeckt hatte, wurde irrsinnig. Ein weiterer Exorzist rang jahrelang mit einer schweren Krankheit.

Der Wahnsinn von Salem

Im 17. Jahrundert hatte der Hexenwahn nun auch den Atlantik überschritten, doch waren die Verfolgungen gemessen an dem europäischen Ausmaß unbedeutend. Allerdings hat eine Geschichte deutlich gezeigt, wie es zu vereinzelten Massenhysterien kommen konnte. Die Bewohner Neuenglands, oftmals irische Einwanderer, denen Mythen, Dämonen und Zauberwesen nicht fremd waren, stellten die Existenz von Hexen und Teufel nicht in Frage und betrieben kaum Hexenverfolgung. Umso erschütternder ist die Geschichte des kleinen puritanischen Städtchens Salem, wo ein Kinderstreich vielen unschuldigen Menschen den Tod brachte. So stellte der dortige Arzt an zwei kleinen Mädchen krampfartige Anfälle, begleitet von wüsten Beschimpfungen, fest. Ursache waren wohl die Voodoogeschichten des Sklavenmädchens von den westindischen Inseln, das im Elternhaus der Kinder arbeitete. Andere Mädchen hatten wohl an diesen „Hysteriespielen" Gefallen gefunden, da sie dadurch in den Mittelpunkt der Aufmerksamkeit rückten, und beschuldigten in ihrer „Verzückung" zahllose Menschen der Stadt. Die Angst ergriff alle und bald wurden die Gerichte aufmerksam. Das Sklavenmädchen, das ganz freimütig über ihre Hexenkünste und den Voodoozauber plauderte, wurde freigesprochen, die anderen Bürger der Stadt aber wurden in vielen Fällen zum Tode veurteilt, nachdem man in vielen Folterungen nichts aus ihnen herausbrachte. Viele der Mädchen bestätigten ihren Ver-

Hysterie ist nicht mehr nur Teufelswerk

Die Teufelshysterie hatte nicht nur auf die unmittelbar betroffenen Personen ansteckend gewirkt, sondern auch landesweit dafür gesorgt, dass sich im ganzen Land ähnliche Schauspiele wiederholten und es zu einem sprunghaften Ansteigen von Besessenheit und Teufelsaustreibungen kam. Vor allem viele Klöster waren von diesem Phänomen erfasst, aber auch unter der weltlichen weiblichen Bevölkerung nahm es zu.

Doch allmählich traten diesen Erscheinungen die Ärzte entgegen. In Italien bereits seit dem 14. Jahrundert und in vielen deutschen Städten seit dem 16. Jahrhundert gab es in allen größeren Städten den so genannten Stadtarzt.

Er hatte die Kräuterweiber, Bader und Laienheiler abgelöst. Diese Ärzte erklärten die verwirrten Frauen schlichtweg für krank oder unzurechnungsfähig und steckten sie in Spitäler oder ins Irrenhaus. Damit wurde die Hexe offiziell ihres Mythos beraubt, den Mann in seiner Potenz zu schädigen oder mit unerklärlichen Kräften Schaden anzurichten. Die Hexe wurde zum hysterischen kranken alten Weib erklärt und musste so nicht mehr ernst genommen werden.

dacht noch einmal vor Gericht, wo sie ebenfalls in hysterische Reaktionen ausbrachen. Unter anderem führten sie den Gespensterbeweis, wonach sie von einem Gespenst des von ihnen Beschuldigten gepeinigt worden seien. Das Gericht ließ diesen Beweis gelten und verurteilte die Beschuldigten zum Tode. So gab es innerhalb eines Dreivierteljahres unzählige Todesurteile. Als sich dies herumsprach, verfassten geachtete Kirchenväter eine Predigt, wonach ein Schuldiger ohne Beweise freizusprechen sei. Der Gouverneur untersagte daraufhin weitere Verhaftungen und der Hexenwahn von Salem endete so plötzlich, wie er aufgetreten war.

Unschuldige Bürger wurden Opfer eines Kinderstreichs, als die kleinen Mädchen aus dem neuenglischen Salem ihre blühende Fantasie und die Voodoogeschichten ihres Küchenmädchens dazu benutzten, den Erwachsenen im wahrsten Sinne des Wortes die Hölle heiß zu machen.

Ein neues Weltbild, hervorgerufen durch die Aufklärung und durch neue wirtschaftliche Entwicklungen, sorgte dafür, dass der Hexenglaube allmählich von einer rationalen und wissenschaftlichen Sicht der Dinge abgelöst wurde. Relativ zeitgleich wurde die Hexenverfolgung in ganz Europa eingestellt. Doch der Glaube an Dämonisches hielt in anderer Form weiter an und bekam neue Anhänger.

Unerklärliches

wird salonfähig

Das Ende der Verfolgung

Gegen Ende des 17. Jahrhunderts nahmen die kritischen Stimmen zu. Gleichzeitig begannen auch die Hexenprozesse langsam abzuflauen. Der Hexenbegriff fand sein Ende auf demselben Weg, wie er gekommen war: Die von geistlicher und weltlicher Macht geschürte Hexenhysterie wurde nun durch die neuen intellektuellen Kräfte der Gesellschaft demontiert.

Die Aufklärung

Am Ende des 17. Jahrunderts erfasste eine neue geistige Haltung ganz Europa und Nordamerika: die Aufklärung. Ihr Anliegen war es, dem Menschen mit Hilfe der eigenen Vernunft zu Selbständigkeit und Mündigkeit zu

In Amerika wurde 1787 die Unabhängigkeitserklärung unterzeichnet und begründete so die Verfassung der heutigen Vereinigten Staaten. Obwohl die Gedanken der Aufklärung eine Gleicheit aller Menschen vorsahen, blieb das Recht zur Sklaverei noch lange bestehen. Die aus Afrika und Westindien gewaltsam importierten Menschen brachten ihre Kultur und ihren Glauben mit. Nicht selten schienen die Voodookünste und magischen Kräfte der Farbigen an Hexerei zu grenzen.

verhelfen. Darin enthalten waren auch eine kritische Auseinandersetzung mit der Kirche und eine Individualisierung des Glaubens.
Zahlreiche neue naturwissenschaftliche Errungenschaften trugen dazu bei, die Welt wissenschaftlich erklärbar zu machen. Viele der führenden Philosophen dieser Epoche waren Naturwissenschaftler und Politologen in einem.
Die Aufklärung sah nicht mehr die göttliche Legitimation der Monarchie, sondern stellte an ihre Stelle den auf das Naturrecht begründeten Gesellschaftsvertrag.
Dazu war der Schutz der Menschenrechte unverzichtbar. Das neue Gesellschaftsideal sah die Gewaltenteilung des Staates vor, so dass das Recht des Einzelnen geschützt war und die Voraussetzungen für ein freiheitliches Denken und Leben gegeben waren.

Geist und Gesellschaft

Der Geist der Aufklärung wurde vor allem durch das Bürgertum getragen. Um den geforderten Zielen näher zu kommen, war Ausbildung und Erziehung ein wichtiges Thema geworden. So sollten Vernunft und Gefühl gleichermaßen ausgebildet werden und das in allen Volksschichten. Der Philosoph Jean-Jacques Rousseau (1712–1778) und der Sozialreformer Johann Heinrich Pestalozzi (1746–1827) haben diese Gedanken vertieft und neue Schulformen verwirklicht. Neu und ganz im Sinne der Aufklärung war auch die Ausbildung der Frau. Um eine geistige Grundlage für ein Bildungswesen zu schaffen und um Aufklärung rundum leisten zu können, stand die Geschichtsschreibung im Vordergrund. Die Sammlung und Aufbereitung aller Wissensgebiete gelang den so genannten Enzyklopädisten. Die Amerikanische Unabhängigkeitserklärung (1787) und die Anfänge der Französischen Revolution (1789) waren ganz entscheidend von der Aufklärung geprägt.

Wie sah es in Wirklichkeit aus

Wenngleich vieles zunächst theoretisch war an den neuen aufklärerischen Gedanken, so beeinflusste diese Haltung in enormem Maße Machthaber und Gesellschaft. Im Jahre 1672 wurden in Frankreich die Kerker für alle Hexen geöffnet. Gleichzeitig wurde ihre Verfolgung verboten. Friedrich Wilhelm I. von Preußen untersagte im Jahre 1714 jede Art von Hexenverfolgung. In Österreich hat erst 1755 Kaiserin Maria Theresia eine Resolution möglich gemacht, die ein für alle Mal mit den „leeren Argwöhnungen" Schluss machen sollte.
Doch war damit dem Glauben an Hexen noch kein Ende gesetzt. Als am Ende des 17. Jahrhunderts der reformierte Pfarrer Bekker aus Amsterdam die Existenz des Satans in Frage stellte, wurde er abgesetzt. Der Descartes-Schüler hielt aber weiter an der Ansicht fest, dass jeder selbst das Böse in sich trüge und es auch individuell bekämpfen müsse. Es war allerdings weder der Kirche noch den weltlichen Oberen recht, dass an der Macht des Satans gezweifelt wurde, war das doch bislang ein probates Mittel gewesen, die Gläubigen und Untertanen in Schach zu halten. Erst der deutsche Aufklärer Thomasius erwirkte mit seiner gemäßigten Schrift – wobei er weder die Existenz des Teufels noch die der Hexen bestritt, sehr wohl aber den Teufelspakt anzweifelte – dass die Hexenprozesse zu einem Ende kamen.
Friedrich der Große beschrieb es so, dass es Thomasius zuzuschreiben war, dass Frauen wieder in Frieden alt werden und sterben konnten. Thomasius bezweifelte allerdings nie die theologisch begründete Unzulänglichkeit der Frau – wie viele seiner Nachfolger übrigens auch noch.

Mit Beginn der Aufklärung nahm der Schrecken der Hexenverfolgung endlich ein Ende. Obwohl sich der Glaube im Volk noch lange hielt und viele Streitschriften zwischen Kirchengelehrten darüber noch hin- und hergingen, konnten Frauen nun endlich wieder in Würde alt werden.

Neuer Hexenglaube oder Satanismus

Die Zeit der großen Hexenprozesse war vorbei. Dennoch war der Glaube an das Dämonische in der Bevölkerung tief verwurzelt. Nachdem nun auch ungestraft über Satanisches nachgedacht werden durfte, kam eine Richtung des Hexenglaubens zu neuen Ehren: der Satanismus und die Schwarzen Messen.

Der Satanismus

Der Satanismus erlebte seine Blütezeit im 17. und 18. Jahrhundert, vor allem in den Kreisen der französischen Hocharistokratie, aber auch in England und Italien. Zum Teil nahmen berühmte Personen daran teil, wie zum Beispiel die Mätresse des Sonnenkönigs Ludwig XIV., die Marquise de Montespan. Sie war mit Hilfe einer berühmten Giftmischerin die Geliebte des Königs geworden, war selbst bewandert in der Bereitung von Liebespülverchen und nahm regelmäßig an Schwarzen Messen teil. Sie galt als eine der bekanntesten Zauberinnen von Paris und vom Dienstmädchen bis zur Gräfin kamen die Menschen zu ihr, um sich wahrsagen zu lassen oder Gift abzuholen. Sie scharte zahlreiche Priester der Schwarzen Magie um sich, um in den satanischen Messen unliebsame Menschen zu schädigen oder gar zu töten. Als jedoch ruchbar wurde, dass die Marquise auch dem König nach dem Leben trachtete, wurde ihr der Prozess gemacht. In dem Verfahren, in das zahlreiche Mitglieder der Aristokratie hineingezogen wurden, lautete unter anderem die Anklage auf Tötung von 2 500 Kindern. Auch wenn die Zahl übertrieben scheint – ein Kind wäre schon zu viel –, so muss doch an dieser Anklage etwas dran gewesen sein. Ein Abt gab an, ihr die Kinder, die er mit seiner Mätresse hatte, übergeben zu haben und die Tochter der Maquise sagte gegen die Mutter aus, dass sie in die Provinz geflohen sei, um ihr eigenes Kind zu retten.

Schwarze Messen

In Schwarzen Messen galt es als Ehre, der „Altar" der Zeremonie zu sein. Diese Aufgabe war fast immer mit sexuellen Komponenten verbunden.

Die Schwarzen Messen wurden bereits zu Zeiten der großen Hexenverfolgung zelebriert, ihre Ursprünge gehen wahrscheinlich auf das frühe Mittelalter zurück. Sie sind als Parodie auf den Gottesdienst zu verstehen und gleichen in ihrem Charakter dem „Hexensabbat". Wie im Hexensabbat, so ist auch in den Schwarzen Messen die Frau Mittelpunkt der Zeremonie. Sie verkörpert das Erdhafte und Dunkle, das von der Kirche schon immer dem Teuflischen gleichgesetzt wurde. Ihr nackter Körper ist der Altar, auf dem die Messen gefeiert werden. Da auch in der christlichen Symbolik der Altar eine Stätte der Weiblichkeit ist, nämlich dort, wo das Brot bereitet wird, haben die Messen nicht nur sexuellen Charakter. Man kann jedoch annehmen, dass der Schwerpunkt schon auf erotischen und

Der Satanismus galt als gesellschaftliche Unterhaltung in der oft von Langeweile und Überdruss geplagten höfischen Gesellschaft um den Sonnenkönig Ludwig XIV.

Fruchtbarkeit spendenden Elementen lag. So soll es rituelle Geschlechtsakte zwischen den Priestern und den Frauen gegeben haben, zumindest aber häufige und ritualisierte Berührungen der Geschlechtsteile. Zu psalmodierenden Gesängen wurde die Gestalt des Satans angerufen. Dieser Satan forderte auch seine Opfer. So erzählt man, dass Neugeborene von Prostituierten und ledigen Müttern für solche Zeremonien verkauft worden seien, um sie dort zu töten. Ein zentraler Bestandteil der Schwarzen Messen war die Besudelung der Hostien. So wurde 1855 eine Vereinigung in Paris bekannt, der fast nur Frauen angehörten und die es sich zur besonderen Aufgabe machten Hostien beim Abendmahl aus dem Mund zu nehmen und damit Blasphemie und Zaubereien zu vollführen. Eine weitere satanische Vereinigung soll bis zum Jahre 1843 an die 3 200 Hostien auf diese Art geschändet haben. Der Satanismus fand allerdings auch in England, vor allem in der höheren Gesellschaft viele Anhänger und wird bis heute unter dem Begriff Okkultismus weiter betrieben. Die Beschreibungen, die von diesen Messen gegeben werden, ob jetzt in Frankreich oder England, ähneln einander. Da an diesen Sitzungen häufig Intellektuelle, darunter viele Schriftsteller, teilgenommen haben, sind zahlreiche detaillierte Augenzeugenberichte überliefert. So trat wohl häufig ein blasser, abgezehrter, düsterer Mann auf, dessen diabolischer Blick die Menschen bannte. Auf dem Leib einer schönen Frau vollführte er sexuelle Handlungen und im Anschluss Tieropfer, die häufig so geschickt gemacht waren, dass alle Beteiligten dachten, es handle sich um Kindopfer. In den Gegenden, wo häufig Schwarze Messen gefeiert wurden, mehrten sich die Kirchendiebstähle. Silber und anderes Kirchengerät wurden in den satanischen Zeremonien entweiht. Schwarze Messen gibt es bis heute und immer wieder werden Fälle von sexueller Grausamkeit und Perversion bekannt.

Schreckliche Auswüchse

In den sechziger Jahren des 20. Jahrhunderts entstand in den USA eine Hippiebewegung, die dem rauschhaften, mystischen Erlebnis zugetan war. Die einen integrierten friedliche fernöstliche Elemente, die anderen aggressive Rituale aus dem Voodooglauben oder anderen Naturreligionen. Gepaart mit individuellen negativen Anlagen, haben einige Sektenführer daraus ein mörderisches Konzept geschmiedet. Die wohl aufsehenerregendste satanische Vereinigung war die um Charles Manson, der in seiner Gruppe „Satans" ihm hörige Killermädchen um sich scharte. Alle zusammen sind sie 1969 in die Villa des berühmten Regisseurs Roman Polanski eingedrungen und haben seine im achten Monat schwangere Frau Sharon Tate zusammen mit vier weiteren Personen bestialisch ermordet. Polanski hat 1966 den Film „Tanz der Vampire" und 1968 „Rosemaries Baby" gedreht, letzterer hat den Satanismus und Kinderopfer zum Thema.

Die Kunst wird zum Platz für Hexen

Nicht nur die vielen kritischen Stimmen, die sich zum Ende des 17. Jahrhunderts mehrten, beendeten die schreckliche Hexenverfolgung, sondern auch ein neues Weltverständnis ließ sich nicht mehr länger mit den auf Vermutungen bauenden Denunziationsverfahren vereinbaren.

Menschen als Wirtschaftsfaktor

Als Ende des 18. Jahrhunderts die Industrialisierung einsetzte, entdeckten die Wirtschaftsexperten den Menschen und seine Arbeitskraft als wichtigen Faktor für Fortschritt und Erfolg. Die Menschen vernichtende Hexenjagd der vergangenen Jahrhunderte hatte zu einer Dezimierung des Volkes geführt, dazu kamen Kriege und Seuchen. Nach der französischen Revolution (1789–1799) war die Gesellschaft viel stärker vom Bürgertum getragen, das sich nun intensiv um Handel und Weltkontakte kümmerte. Vor allem die protestantischen Gemeinden entwickelten große Handels- und Industriezweige. Durch den Kolonialismus kamen Waren aus aller Welt. Der Geldhandel, der fest in jüdischer Hand lag, weitete sich immer mehr aus. In dieser entmythifizierten Welt war im öffentlichen Raum kein Platz mehr für Aberglauben. Wie sehr allerdings das Hexenhafte, das Dämonische im Denken der Menschen steckt, beweist die Zunahme der künstlerischen Bearbeitung dieses Themas.

Literaten und Maler entdecken die Hexen

Sowohl in der bildenden Kunst wie auch in der Literatur, ja sogar in der Musik traten immer öfter Hexenfiguren auf. Sie wurden zum künstlerischen, nicht mehr zum moralischen Thema. Wie tief der Hexenglaube in den Menschen verwurzelt ist, zeigt diese erneute Fokussierung auf das Thema, das immerhin in den vorangegangenen Jahrhunderten einem großen Teil der europäischen Bevölkerung das Leben gekostet hat, so dass man annehmen könnte, dass nun alle froh waren, dass dieses Thema seinen Stellenwert verloren hatte. Doch im ausgehenden 18. Jahrhundert entsann man sich antiker Vorbilder. Bereits im Barock hatte man sich an altrömischen Schäferstückchen orientiert, das Rokoko brachte die Anakreontiker hervor, eine Schriftstellergruppe, die bukolische, also Hirtenstücke der Antike zum Thema hatte. Langsam begann man sich der alten Aufgabe der Hexen, Priesterinnen und Schamaninnen zu erinnern. Die Klassik mit Goethe als Hauptvertreter orientierte sich auch im Baustil an griechischen Vorbildern und die Aufklärung tat ein Übriges, um Wissen aus

Hexenillustrationen

Zu Zeiten der Hexenverfolgung war das Thema Hexen ausschließlich mit Holzschnitten, Stahlstichen und Gemälden über den ausschweifenden Hexensabbat oder die Verbrennung, Folterung und Ketzerdarstellungen illustriert. Im ausgehenden 18. Jahrhundert mit Beginn der Frühromantik erlebte das Thema eine Poetisierung. Auf einmal sah man das Phantastische, Geheimnisvolle und Mystische in diesen Figuren. Die Beobachtung des persönlichen Innenlebens, die auf Grund der Individualisierung immer mehr in den Vordergrund trat, brachte es mit sich, dass die dunklen Seiten der Seele, Träume und Transzendentes immer mehr Beachtung fanden. Der Maler Johann Heinrich Füssli (1741–1825) nahm sich in seinen Bildern besonders der Hexen an. Er illustrierte Dramen von Shakespeare und Dante sowie die Bibel, Vergil und das Nibelungenlied. Füssli war einer der ersten Maler, der Träume und Wahnvorstellungen in seine Arbeiten einfließen ließ und sie erotisch interpretierte. Er schuf reitende Lesbierinnen, die von Dämonen heimgesucht wurden und wehrlose schlafende Frauen, die Männern ausgeliefert waren. Seine Bilder sind Spiegel der Seele und nahmen so bereits Momente der Psychoanalyse vorweg, die Sigmund Freud im 20. Jahrhundert entwickelte und damit viele Phantasmen der Hexenverfolgung erklären konnte.

alter Zeit wieder zu beleben: Es war die Epoche der großen Enziklopädisten und Geschichtsschreiber. Man wollte die Vergangenheit erfahrbar machen. Unter den Schriftstellern wuchs ein neuer Zweig heran: die Sammler und Bearbeiter alter Volksmärchen und die Übersetzer großer ausländischer Literatur. Beide Richtungen trugen zu einem neuen Hexenverständnis bei. Dies alles wurde unterstützt durch die Arbeiten der Maler und durch ein reges Theaterleben, das die Dramen Shakespeares und Dantes auf die Bühnen brachte. Die Ausstattungen dieser Aufführungen wurden nicht selten von bekannten Malern geleistet. Der europaweite Austausch der Künstler untereinander, die Reisefreudigkeit, die die Künstler miteinander verband, sorgten dafür, dass sich der Trend rasch verbreitete. Der Hexenstoff war im ausgehenden 18. und beginnenden 19. Jahrhundert „in".

Der Teufelsbund

Francisco Goya (1746–1828), Sohn eines Vergolders und einer Landadligen, hatte sich bald nach seiner Kirchenmalerlehre zum Hofmaler hochgearbeitet. Neben den königlichen Auftragsarbeiten hat er vor allem in seinem Spätwerk Gemälde von spukhafter und hintergründiger Fantastik gemacht. Seine Hexen- und Dämonengestalten tragen Fratzen, die von tiefer Verzweiflung, Angst und Wahnsinn geprägt sind. Seine Hexen tragen die Abgründe des Lebens in sich, sind gejagt und stellen in Überkarikierung gesellschaftliche Zustände dar. Die Hexe wird zum künstlerischen Medium, Ängste des Individuums und seiner Gesellschaft aufzuzeigen

Die Getriebenheit, Leidenschaft, aber auch Schrecken spiegeln sich in den emotional markanten Strichen von Goyas Zeichnungen.

Hexerei in der Literatur

Mit Einsetzen der Romantik erfuhren Hexen, Dämonen und Teufel eine neue Renaissance. Anders als bisher wurde die Figur der Hexe zu einem künstlerischen Stilmittel. Mit ihr konnte man Unerklärliches, Abgründiges und gleichzeitig Menschliches ausdrücken. Kaum ein Dichter hat die Figur der Hexe so facettenreich illustriert wie Johann Wolfgang von Goethe.

Faustdrama und Hexenbegriff

Als Goethe an seinem Faustdrama arbeitete (immerhin über einen Zeitraum von 32 Jahren), schuf er ein Hexenbild, das von der bösen Wirtin bis zur klischéehaften, auf dem Blocksberg tanzenden Hexe ging. Sie verkörpert Intrige, Falschheit, aber auch Einfallsreichtum, Wolllust und Begierde, Verführung und Erfüllung sexueller Wünsche. Gleichzeitig ist alles ein Teil weiblichen Wesens. Im Faustdrama, das auf den Arzt Johann Faustus im Jahre 1480 zurückgeht (also in die Zeit der großen Hexenverfolgung) und schon von Schriftstellern vor Goethe bearbeitet wurde, geht es um den Doppelpakt, den der Gelehrte mit Gott und dem Teufel eingeht. Ziel ist die absolute Selbstverwirklichung – scheint sie eines Tages abgeschlossen, dann möge der Teufel „ihn (Faust) in Ketten schlagen", sprich, dann hätte Faust seine Seele an den Teufel verkauft.

Dr. Faustus

Der Sage nach soll der legendäre Dr. Faustus, der an der Hochschule Krakau studierte, sein Magierwissen, von nomadisierenden Zigeunern des Ostens erworben haben. Seine Kenntnisse sind also morgenländischen Ursprungs und gehen auf die arabischen Schriften zurück, die im Mittelalter Europas gedruckt zu lesen waren. Das Buch des Dr. Faustus enthielt bereits die Ursprünge des Hexenglaubens und erwähnte ihre antiken Vertreter. Magier und Feen sowie phantastische Reisen, Erzählungen von erotischen Frauen und ihre Liebesspiele haben diesen Stoff mit seinen zahlreichen türkischen, persischen und indischen Einflüssen für viele Schriftsteller interessant gemacht. Als schließlich Goethe auf diesen Stoff aufmerksam wurde, hatte er sich auch schon anderweitig über Hexen und ihre Kultur informiert. Viele überlieferte Volksmärchen sowie ein kleines Versepos, „Die Walpurgis-Nacht" von Johann Friedrich Löwen (1756), haben ihn zu den Walpurgisnachtszenen des Faust II und zu vielen anderen Hexenzitaten, die der gesamte Faust aufweist, inspiriert. Der goethesche Dr. Faust ist selbst ein Magier mit Hang zur Alchemie, vom Hexenmeister Mephisto er-

Aradia

Der zunehmenden Industrialisierung begannen Anfang des 19. Jahrhunderts die Romantiker gegenzusteuern. Sie entdeckten die Antike und das Mittelalter neu für sich und poetisierten die Stoffe, die ihnen diese Epochen lieferten. Unter anderem entwickelten sie die These, dass die Hexenverfolger eigentlich den antiken Dianakult, die einzige vorchristliche Religion, die sich noch lange hielt, auszulöschen versuchten. Fündig wurden die romantisierenden Schriftsteller und Volkskundler in den italienischen Volksglauben des 19. Jahrhunderts. Dort existierte die norditalienische Hexe Maddalena. Sie war wahrscheinlich selbst inspiriert durch die Lektüre romantischer Romane. Sie verfasste das „Evangelium für Hexen", das dann von Geoffrey Leland, einem englischen Hexenforscher, aufgegriffen wurde. In diesem von Leland erzählten Buch wird die Tochter Dianas, Aradia, die sie mit dem Bruder Lucifers gezeugt hat, auf die Erde geschickt, um die Menschen dem Hexenkult zu weihen. Aus Lelands Erzählung hat sich der besonders heute aktive Wicca-Kult entwickelt.

hofft er sich ganz besonderes Wissen, das seine Hexenkünste vervollkommnete. Die schließlich letzte Kunst scheint ihm zu sein, die ewige Jugend und damit die ewige sexuelle Kraft zu erhalten. Das glaubt Faust nur durch „das ewig Weibliche", durch den Glauben an das weibliche „Göttliche" erreichen zu können.

Wissen um die Macht der Natur und der Frau

Auch Heinrich Heine, der 1847 seinen „Faust" schrieb, war die ungeheure magische Kraft der Naturreligion, des Hexenglaubens, schon bekannt. Die „Große Göttin" wurde von den Intellektuellen der Romantik wieder entdeckt und durch ihre Werke erhöht. Erotik war etwas Anbetungswürdiges, die Frauen wurden stilisiert. Die in Paris und London stattfindenden „Schwarzen Messen", vornehmlich in orientalischem Ambiente, waren nur ein Ausdruck der Gesellschaft, mit diesem neuen Lieblingsthema umzugehen.

In vielen Volksbüchern, die zwischen dem 16. und 19. Jahrhundert den Fauststoff zum Inhalt hatten, wird Faust als eifriger Liebhaber mit magischen Kräften gezeigt. Besonders orientalische Liebeskunst scheint es ihm dabei angetan zu haben, denn einige Stellen des urspünglichen Fauststoffs weisen auf tantrisches Wissen hin.

Goethes Faust

Auf Füsslis Illustration zu Dr. Faustus wurde Goethe aufmerksam, als er gerade selbst an der Bearbeitung des Fauststoffes saß. Goethe seinerseits hat mit seinem Drama „Faust" viele andere Künstler beeinflusst, die dann auch ihren „Faust" schrieben oder Hexenillustrationen angefertigt haben.

Die Hexe im Märchen

Mit dem Interesse an den alten Volkmärchen und dem Forschen in antiken Stoffen ergab sich eine neue Richtung der Literatur: die Märchenerzählung. Die auch heute noch verwendeten Übersetzungen, Bearbeitungen und Auslegungen der alten Volkssagen wurden in der Zeit des angehenden 19. Jahrhunderts geschaffen.

Tiefenpsychologie im Märchen

Durch die Forschungsarbeit der bedeutendsten Märchenschreiber, der Gebüder Grimm und Hans Christian Andersen, sind uns heute sehr viele alte Sagen und Märchen überliefert. Durch die Neubearbeitung tritt ihre tiefenpsychologische Bedeutung zu Tage. So sind Märchen auch immer Geschichten von Prototypen, von guten, von schlechten, von magischen und auch gänzlich irdischen Wesen. Die Hexe hat in den meisten Märchen eine zentrale Stellung: Sie verkörpert fast immer einen familiären Konflikt. Vater-Sohn, Ablösung von der Mutter, Eifersucht auf die neue Frau des Vaters, Eifersucht auf die Tochter aus erster Ehe, Neid und Missgunst, sexuelle Begierde zwischen Familienmitgliedern. So ließe sich die Reihe beliebig fortsetzen und sie erinnert doch immer an jene Erkenntnisse, die schließlich Sigmund Freud und C. G. Jung durch die Entwicklung der Psychoanalyse bestätigt haben. Das ganze Drama menschlicher Beziehungsebenen zeigt sich symbolhaft im Genre des Märchens. Die Hexe ist die Schlüsselfigur, denn sie kann jeden Charakter annehmen. Sie bildet den Rohstoff für Interpretationen und so nimmt es auch nicht Wunder, dass Grimm und Andersen immer wieder verschiedene Fassungen zu den einzelnen Märchenmotiven geschrieben haben. Das Zaubermärchen bietet den Stoff zur Erforschung menschlicher Charaktere.

Kinder lieben Hexengeschichten

Ein Grund für die weit verbreiteten Gruselgeschichten über die Hexenkünste scheint ein im Menschen tief verwurzeltes Bedürfnis nach Vorstellungen von Magischem und Unerklärlichem zu sein. Zu jeder Zeit kann man bei kleinen Kindern, die ja noch ohne Geschichtsbewusstsein an alle Dinge herangehen, ein hohes Interesse an Hexengeschichten sehen. Hexenerzählungen sind hoch begehrt und es muss durchaus nicht die böse Hexe sein. Allein die Fähigkeit zu zaubern, anders zu sein und ganz gut oder richtig schlecht zu sein, fasziniert Kinder. Beobachtet man Kinder beim Märchenspielen, werden sich viele um die Rolle der Hexe reißen. Hier kann ausgelebt werden, was durch Erziehung nicht möglich ist. Gestisch und moralisch können Grenzen überschritten werden. Die Faszination von Dämon, Hexe, Zauberer scheint im Menschen tief angelegt zu sein, was elementare Kinderspiele beweisen.

Die Gebrüder Grimm

Zu den herausragendsten Sprachforschern des 19. Jahrhunderts zählen die Gebrüder Jacob (1785–1863) und Wilhelm (1786–1859) Grimm. Beide waren Miglieder der Preußischen Akademie der Wissenschaft in Berlin. Neben einer deutschen

Grammatik, Publikationen zur deutschen Rechtsgeschichte, einer zweibändigen Geschichte der deutschen Sprache, dem „Deutschen Wörterbuch" und den zweibändigen deutschen Sagen haben beide einen unschätzbaren Beitrag zum Erhalt der alten Märchen und Sagen geleistet: Sie haben in sprachlich meisterhafter Neufassung die beiden Bände „Kinder- und Hausmärchen" (1812–1815) herausgegeben, die bis heute die klassischen Märchenbücher der Kinderliteratur sind. Die Brüder Grimm haben unschätzbaren Anteil an der Psychologisierung der Märchen, wie sie später auch von C. G. Jung in seiner Psychoanalyse verwendet wurden.

Hans Christian Andersen

Anders als seine deutschen Kollegen Grimm hat der dänische Schritsteller Hans Christian Andersen (1805–1875), von alten Sagen- und Märchenstoffen inspiriert, neue Märchen geschaffen. Auch sie zählen zu den Standardwerken der Märchenliteratur und gehen mit ihrer Motivik vor allem auf nordisches Erzählgut zurück. Zu seinen Hauptwerken zählen: Die Prinzessin auf der Erbse, Das hässliche Entlein, Der standhafte Zinnsoldat und Die kleine Meerjungfrau.

Märchen, in denen Hexen eine Rolle spielen

Schneewitchen: Hier trachtet die Hexe in Form der bösen Königin dem schönen Schneewittchen nach dem Leben. Sie ahnt die Konkurrenz durch die junge Frau. Von Grund auf schlecht ist der Charakter der Königin, die sich, um ihren Mordplan auszuführen, in eine hässliche Hexe verwandelt. Mittels verzaubertem Apfel (Sündenfallmotiv!) versucht sie Schneewittchen zu beseitigen.

Rapunzel: Der Vater von Rapunzel ist einer Frau hörig, die die Konkurrenz der Tochter fürchtet und die Liebe des Mannes für sich allein haben möchte. Rapunzel wird in den Turm gesperrrt und entkommt ihrerseits durch die Liebe.

Hänsel und Gretel: Die beiden Geschwisterkinder werden von der Mutter mit der Begründung in den Wald geschickt, dass sie sie nicht mehr ernähren könnte, wissend, dass sich die Kinder dort nicht zurechtfinden. Die Hexe findet die Kinder, verführt sie mit Verwöhnung und sperrt sie schließlich ein, mit dem Ziel, sie zu essen. Die Kinder entkommen, nachdem sie die Hexe verbrannt haben.

Gerade im Märchen werden den handelnden Personen besonders plakative Eigenschaften zugeschrieben. Die Hexe verkörpert das übersinnlich Böse und das Zauberhafte, die gute Fee ist ähnlich magisch veranlagt, aber ganz im Sinne der heilbringenden Seherin. Sie kann als Lichtgestalt schwarze Magie auflösen.

Zauberei in der Musik

Besonders der Komponist Richard Wagner (1813–1883) entdeckte für seine Opern den alten nordischen Sagenstoff wieder. In seinem vierteiligen Musikdrama „Der Ring" wird die altgermanische Mythologie lebendig. Fabelwesen, Zwerge, Riesen, Götter, Nixen und schließlich auch Menschen – Männliches und Weibliches befinden sich in einem immerwährenden Machtkampf. List, Verzauberung, Ahnungslosigkeit und Beistand durch die weiblichen und Machtanspruch der männlichen Gottheiten sowie Unzulänglichkeit der Nichtgötter bilden das Geflecht an schicksalshaften Verstrickungen. Wagner wurde bei seiner Komposition auch vom Nibelungenlied beeinflusst. Das Nibelungenlied geht auf ein um 1200 erschienenes Heldenepos zurück. Die geschichtliche Vorlage hierfür ist die Vernichtung der Burgunder am Rhein durch Hunnenkönig Attila. Vor allem zahlreiche Handschriften zwischen dem 13. und 16. Jahrhundert bezeugen die Beliebtheit dieses Stoffs. Mit der Verehrung und geschichtlichen Erforschung des Mittelalters zu Zeiten Wagners dürfte wohl auch dieser Stoff wieder ins Zentrum des Interesses gerückt sein. Das Motiv der zauberischen Weiber, der Verehrung der Urgöttin und ihres Machtkampfes um die Vorherrschaft schlägt sich im Werk Wagners nieder. Liebeszauber, Schwertzauber und anderes „Hexenwerk" bestimmen die Handlungen von zwei weiteren Opern Wagners: „Tristan und Isolde" und „Parzival".

Hexenevangelien

In der Mitte des 19. Jahrhunderts haben einige Schriftsteller mit ihren Werken den Grundstock für das Hexenwesen des 20. Jahrhunderts geschaffen. Zu der bestehenden Geistesströmung der ausgehenden Romantik, die alles Antike und Mittelalterliche verehrte, und den daraus resultierenden künstlerischen Leistungen auf literarischem, illustrativem und musikalischem Gebiet bildeten sie ein Wissen, auf das die Anhänger moderner Hexenbünde immer wieder gerne zurückgreifen.

Hexenführer

Zahllose Sekten der Alpenländer wurden von dem ehemaligen Musiklehrer Jakob Lorber (1800–1864) und seinen religiösen Werken geprägt. Der religiöse Dichter und Seher bemängelte in seinen Werken die Genusssucht des

Menschen und beschwor die einfache Lebensart der alpinen Bergbewohner. Dabei versäumte er nicht, über den tiefen Aberglauben dieser Menschen zu sprechen, eine Eigenschaft, der Lorber zuschrieb, dass sie die Menschen sensibel gegenüber Natur und Mystik mache. Im Vertrauen auf die heiligen und heilenden Kräfte der Natur würden die Bergvölker gesünder leben. Ihr natürlicher Umgang mit Geistern brächte ihnen das geheime Wissen um die Heilkraft der Kräuter, der energiereichen Stellen, wo Metalle zu finden seien und anderes Alltagswissen. Lorber pries also mit seinen Hymnen an die Naturnähe all das, was die früheren Hexen, Zauberinnen und Priesterinnen ausmachte: das Wissen um das Spiel der Natur. Die Hexenverfolgung erklärte Lorber damit, dass die nicht ländliche Bevölkerung eifersüchtig auf das Wissen der Bergvölker wurde und sie deshalb die Kirche aufhetzte, diese zu verfolgen. Lorbers Veröffentlichungen, die eine große Anzahl von „Heiligen Bergen“ in den Alpen nennen, erleben noch heute eine ungeahnte Anzahl von Neuauflagen und werden als Quellen für neue Veröffentlichungen zitiert.

Charles Leland

Die wohl prägendste Figur für die Entwicklung des modernen Hexenwesens war der nordamerikanische Sagensammler Charles Leland (1824–1903). Er entstammte einer für Altertumsforschung bekannten Familie aus England. In Italien nahm er Kontakt zu dort lebenden Hexen auf und dichte ihre Geschichten, Beschwörungen und Sagen um. Neben diesem „autentischen“ Hexenwissen bediente sich der Wiederentdecker der alten Naturreligion der Forschungsergebnisse seiner Zeitgenossen. Er war von der Existenz der Hexen im südeuropäischen Raum überzeugt und beschrieb in seinem Hexenevangelium, dass altrömische Familien ihr Wissen von Generation zu Generation bis in die Jetztzeit überliefert hätten. Mit seinem Buch „Aradia“, dem Evangelium der so genannten „vecchia religione“ (alten Religionen), das angeblich die Übersetzung eines aus Italien stammenden Hexenleitfadens sein soll, lieferte Leland Anregungen für Riten und Beschwörungen, die auch von heutigen Hexen noch praktiziert werden. Trotz großer Kritik an den Ursprüngen von „Aradia“ hat dieses Werk sicherlich seinen großen Beitrag zur Hexenrenaissance des 20. Jahrhunderts geleistet, da es immer die Verehrung der großen Urgöttin in den Vordergrund stellte.

Zeittafel

- **1789: Französische Revolution.**
- **Mozart (1756–1791), Haydn (1732–1809) und Beethoven (1770–1827) komponieren in Wien.**
- **1800: Eroberungen Kaiser Napoleons in Europa, Gründung des Kaiserreichs Österreich. Alexander von Humboldt (1768–1859) erfoscht Südamerika.**
- **1810: Erstes Brockhauslexikon vollendet, Gebrüder Grimm sammeln und nacherzählen alte Volksmärchen.**
- **1820: Wilhelm Hauff (1802–1827) veröffentlicht seine Märchen. J. F. Cooper veröffentlicht die Geschichte des „Lederstrumpf“**
- **1830: Goethe vollendet seine Faustdichtung und stirbt 1832 in Weimar.**
- **1835: erste Eisenbahn in Deutschland, Erfindung der Fotografie in Frankreich.**
- **1840: Thomas Cook organisiert erste Gesellschaftsreisen, Baedecker veröffentlicht die ersten Reisebücher. Indianergeschichten werden veröffentlicht. Ignaz Semmelweis entdeckt die Ursache des Kindbettfiebers. Weberaufstand in Schlesien.**
- **1848: Revolution in Deutschland und Österreich. Franz Joseph I. wird Kaiser von Österreich. Sozialismus durch die Veröffentlichungen von Karl Marx und Friedrich Engels.**
- **1850: Charles Darwin veröffentlicht sein berühmtes Buch „Über die Arten“. Starke Einwanderungen in Nordamerika.**
- **1860: Abraham Lincoln wird Präsident der USA. Lewis Carroll (1832–1898) schreibt sein „Alice in Wonderland“.**

Die strahlende Göttin in der Mitte, zu ihren Füßen das Runen schnitzende alte Weib und die dunkle Dämonin: Im 19. Jahrhundert entdeckte man die weibliche Urgötterwelt wieder und stellte ihre Stärke mit dem Symbol der Trinität (Dreieinigkeit) dar. Der historisierende Stil der Zeichnungen und Gemälde gibt die Verehrung für die Antike wieder.

Spuk, Fantasie und Vampirismus

Mitte des 19. Jahrhunderts galt es in vielen höheren Kreisen Frankreichs und vor allem Englands als besonders „schick", Geisterséancen abzuhalten. Nach den Schwarzen Messen, die ja schon zu Zeiten Ludwigs XIV. die adlige Gesellschaft unterhielten und die auch noch im 19. Jahrhundert sehr beliebt waren, traten nun noch andere Gruselattraktionen hinzu. Zwar stand das Wort Hexe nicht im Mittelpunkt, doch das Interesse an Zauberei, Unvorhersehbarem und Mystischem zeigte sich doch deutlich in solchen Modeerscheinungen.

Die Vampirin

Manchen Quellen nach soll das Draculamotiv auf eine adlige Frau des 16. Jahrhunderts zurückgehen. Die Ungarin Ersebeth, die so schön wie grausam war, brachte nicht nur ihren Mann um, sondern pfählte Hunderte von jungen Männern. Ihren Dienstbotinnen ließ sie díe Zungen ausreißen, andere zwang sie ihr eigenes Fleisch zu essen. Sie selbst labte sich an dem Blut ihrer Opfer. Obwohl ihre grauenvollen Taten in die Zeit der ärgsten Hexenvefolgung fielen und sie auch unter Anklage gestellt wurde, bekam sie lediglich Hausarrest, wo sie wahrscheinlich ihrem Teufelswerk weiterhin nachging.

Mittel gegen Vampire

Der Aberglaube, dass Knoblauch gegen Vampire hilft, entstammt der Kräutermagie. Knoblauch enthält tatsächlich zahlreiche Substanzen, die gefährliche Bakterien (er wurde unter anderem gegen Ruhr und Cholera erfolgreich eingesetzt) abtöten können. Sein scharfer Geruch galt schon in der Antike als Mittel gegen böse Geister, im Mittellater sollte er Hexen abhalten.

Hymne an die Fantasie

Die Lust am „Unlogischen" wurde vor allem von den Schriftstellern in der zweiten Hälfte des 19. Jahrunderts genutzt. Der Mathematiker und Logiker Lewis Carroll (1832–1898) setzte mit seinen phantastischen Erzählungen „Alice im Wunderland" und „Alice im Spiegelreich" sprachlich und inhaltlich Zeichen: Unvorhersehbares galt als besonders salonfähig. Mit Edgar Allen Poe, dem großen amerikanischen Kritiker, Lyriker und Erzähler (1809–1849), bekam die Literatur eine neue Gattung: Poe gilt als Begründer der Kurzgeschichte mit besonderem Gewicht auf der fantastischen Schauergeschichte. Er entdeckte die Kriminalliteratur neu und verfasste zahlreiche Abenteuergeschichten.
In seiner Tradition entstand die Geister-, Schloss- und Spukliteratur Englands.

Exotismus

Zwei Dinge waren sicher entscheidend für das Aufleben der Fantastik. Zum einen war ein ungestilltes Verlangen nach Mystischem da (das Hexenthema war damals so gut wie tot), zum anderen trugen zahllose Geschichten, die aus aller Welt im Zuge der Kolonialisierung, des Welthandels und des Erforschens anderer Kulturen kursierten, dazu bei. Voodoo-Zauber aus Afrika zählte ebenso dazu wie die Riten der Südseevölker, der Schamanismus der Südamerikaner und das Bekanntwerden indianischen Zaubers. Die Welt rückte zusammen und die exotischen Erfahrungen beeinflussten die sprituelle Welt des ausgehenden 19. Jahrhunderts in Europa. Die Menschen hatten Bedarf an Schauergeschichten, entweder aus fernen Ländern oder aus Ländern der unmittelbaren

Nachbarschaft. So kam es durch einen Roman zu einem Gruselboom, der bis heute nichts von seinem Thrill eingebüßt hat: Graf Dracula und die Vampire. Auch hier führte die Erforschung alten Volksglaubens zu einer Entdeckung. Bei den slawischen Völkern gab es einen Volksglauben, dass Verstorbene nachts ihrem Grab entsteigen würden, um aus Lebenden Blut zu saugen. Deutlich sieht man hier die Nähe zum Hexenaberglauben. Auch ihnen wurde ja das Trinken von Blut vorgeworfen. Sicher haben nicht nur die wieder entdeckten rumänischen Volkssagen zu diesem Stoff geführt, sondern auch die Geschichten der Sklaven, die aus ihrer afrikanischen und indischen Heimat den Voodooglauben in die westliche Welt mitbrachten und auch dort an ihren oft blutigen Riten des Schadenszaubers festhielten. Der Roman „Dracula" des englischen Schriftstellers Stoker zog eine Welle von Folgegeschichten nach sich, die ihren Höhepunkt im 20. Jahrhundert erreichte, als viele von ihnen verfilmt wurden.

Magie aus dem Osten

Besonders in Osteuropa war im 19. Jahrhundert eine Welle der Mystifizierung zu beobachten. Nach einer seit Peter dem Großen starren Zivilisation, die der Kultur Westeuropas verbunden war, entstand nach dem Sturz einer gewissen Oberschicht, die engste Bindungen an die Halbnomaden Südrusslands hatte, eine Verelendung der Landgüter. Die Nachfahren, die nun dort in fast mittelalterlichen Umständen lebten, suchten in der Beschäftigung mit Sagen und Mythen den eigentlichen Sinn der Welt. Hauptvertreter dieser Bewegung war Gurdieff, ein Mystiker aus dem Kaukasus. So genannte Geheimkulte widmeten sich dem buddhistisch-indischen Tantrismus mit seiner starken Betonung der Erotik. Die Verehrung der mystischen Traditionen ging so weit, dass die Kinderfrauen aus besonders alten Geschlechtern ausgewählt wurden, die noch viel Überlieferungen wussten. Deutlich ist bei diesem Kult auch die Gegenbewegung zu allem Technologischen. Wahrsagerei war Alltag! Einer der Hauptanreger des Hexenkultes in Russland war Valerie Brjussow (1873–1924). Er und sein Kreis beschäftigten sich mit den Grundlagen der Hexensagen in der Zeit des ausgehenden Zarenreichs und der beginnenden Herrschaft Lenins. Da sich mittelalterliche Verhältnisse in Russland noch teilweise bis ins 20. Jahrundert gehalten hatten, haben viele gebildete Flüchtlinge die Sagen in den Westen gebracht und so dort Einfluss geübt.

Viele Geschichten der neuen Gruselliteratur beschäftigten sich mit Friedhöfen, Gräbern und Leichenschändungen – alles Taten, die auch den Hexen zu Zeiten der großen Vefolgung vorgeworfen wurden. Dazu kamen die oft blutigen Geschichten der schwarzen Bevölkerung Amerikas, die als Sklaven verschleppt wurden und deren einzige Erinnerung an ihre indische oder afrikanische Heimat der Voodooglaube war.

Keine Zeit für Hexen

Die moderne Hexenforschung fand heraus, dass die Industrialisierung besonders in England zu einer größeren Unterdrückung magischer Kräfte und Hexenbünde geführt hat als die gesamte Hexenverfolgung. „Die Hexen von England sind am ökonomischen Fortschritt zugrunde gegangen", so lautet die Aussage. Sie wurden zwar nicht mehr verbrannt, aber jede Abweichung von der gesellschaftlichen Norm konnte mit dem Irren- oder Armenhaus bestraft werden.

Gerade Schaupielerinnen wie Eleonore Duse (1858–1924) und Tänzerinnen wie Isadora Duncan (1877–1927) brachen mit ihrer körperbetonten und expressiven Art die starren Regeln des Bürgertums und der damaligen Frauenrollen auf.

Das Frauenbild im Wandel

Durch die Veränderungen der Gesellschaft – das Bürgertum hatte sich auf Grund der Unruhen von 1848 sehr in die heimischen Bereiche zurückgezogen (Biedermeier) – ergab sich auch für die Frauen eine neue Rolle. Je nach Gesellschaftsschicht wurden ihnen neue Aufgaben zuteil, beziehungsweise wurden ihnen genommen.

Salons und Huren

Die Hexenfiguren der Gebrüder Grimm waren nicht ohne Einfluss auf das Frauenbild des 19. Jahrhunderts. Die von ihnen beschriebenen alten, hässlichen Frauen wurden als Erziehungsmaßnahme eingesetzt, ähnlich wie der „schwarze Mann", was sich nicht gerade positiv auf den Nimbus der alternden Frau auswirkte. Auf der anderen Seite stand die Hexe ja vor allem für erotische Fantasien. In einem Jahrhundert, das sich durch Prüderie auszeichnete (Viktorianisches Zeitalter, Biedermeier), entwickelte sich ein Gegenbild zur biederen Hausfrau: die „femme fatale" und die Prostituiertenbewegung – sie waren die neuen Hexen. Die doppelte Moral dieser Zeit brachte eine Massenprostitution hervor, vor allem die Frauen des verelendenden Proletariats sahen darin ihre einzige Chance. Aber auch die großen Mätressen der Pariser Gesellschaft nahmen mit ihrer Position Rache an der Bourgoisie und waren so ein Zeichen der Zeit. Unter den bürglichen Frauen dagegen entwickelte sich auf Grund der starren, spießigen Eheregeln der Typus der hysterischen und nervösen Frau, der als einziger Ausweg die Erkrankung blieb. Für manche ergab sich als einziger Weg, einen Beruf zu ergreifen, das Künstlertum, wie Schauspielerin, Malerin und Tänzerin. Die Frauen, die diesen Weg erfolgreich beschritten, waren von der Gesellschaft zwar anerkannt, aber auch gefürchtet, ganz im traditionellen Hexenverständnis der Verführerin. Die gerade erst erfundene Fotografie entwickelte rasch den Zweig der Erotografie und unterwanderte so die enge Bürgermoral.

Die bessere Gesellschaft

Die Damen der intellektuellen bürgerlichen und aristokratischen Gesellschaft (wie Bettina von Arnim), oftmals aus jüdischen Familien (wie Dorothea Schlegel, Rachel Varnhagen), schufen sich einen eigenen Wirkungskreis, der die bürgerlichen Moralvorstellungen geistreich umging.

Sie gründeten Salons, wo diskutiert wurde und vor allem auch durchaus erotisch kontaktet wurde. Wieder eine andere Gruppe schuf Salons, in denen Wahrsagerei, spiritistische Sitzungen, Kartenlegen und okkulte Riten betrieben wurden. Doch allen war eins gemein: Es spielte sich hinter verschlossenen Türen ab, die Öffentlichkeit wurde damit moralisch nicht belastet.

Unter der streitlustigen Emily Pankhurst (1858–1928) organisierten sich viele Frauen zur Frauenrechtsbewegung, die bis zum 1. Weltkrieg 1914 als die radikalste galt: Ihr gefürchteter Name lautete: die Suffragetten (lat. suffragium: Stimmrecht).

Die aktiven Frauen

Eine andere Gruppe von Frauen begnügte sich allerdings nicht mehr mit der Rolle am heimischen Herd und auch nicht mit einer geistreichen Unterhaltung hinter verschlossenen Türen. Es waren meist Frauen aus Wissenschaftlerfamilien oder Familien, wo die Bildung der Töchter gefördert wurde. So entdeckte eine gewisse Marie Sklodowska zusammen mit ihrem Mann die radioaktiven Elemente. Besser bekannt wurden sie, als sie den Nobelpreis dafür bekamen und ihr Name zu einem physikalischen Maß wurde: das Curie (CI). Eine andere Frauengruppe tat sich reformpolitisch hervor. Rosa Luxemburg (1871–1913) war Mitbegründerin und Aktivistin der Sozialdemokratischen Arbeiterpartei in Polen und Litauen. Sie wurde wegen ihrer radikalen sozialistischen Haltung 1913 ermordet. All diese Frauen waren der Gesellschaft suspekt – aber die jahrundertelange Unterdrückung der Frau ließ sich nicht mehr aufrechterhalten.

Frauen in England

Gerade in England machten sich die Klassenunterschiede bei den Frauen deutlich bemerkbar. Zur Mitte des 19. Jahrhunderts war in England die Industrialisierung besonders weit fortgeschritten. Eine enorme Landflucht trieb die Bevölkerung in die Städte, wo sie hoffte, einträglichere Arbeit in den Fabriken zu finden. Tatsache war allerdings, dass die Zustände in den Fabriken katastrophal waren, die Wohnbedingungen so beengt und unhygienisch, dass es zu riesigen Elendsvierteln kam. Frauen wie Männer mussten an sieben Tagen die Woche bis zu 12 Stunden arbeiten, Kinder bis zu acht Stunden. Schwangere Frauen mussten sofort nach der Geburt wieder arbeiten, wollten sie nicht ihren Arbeitsplatz verlieren. Die ersten Kinderkrippen wurden eingeführt, aber auch das konnten sich viele nicht leisten. Die gesundheitliche Lage war so angespannt, dass Typhus, Ruhr und Grippe sowie die weit verbreitete Tuberkulose unendlich viele Opfer fanden. Der Klassenunterschied wurde durch das verarmende Proletariat immer größer. In den „besseren" Kreisen hingegen langweilten sich die Frauen, gaben sich Gesellschaftsspielen wie spiritistischen Zirkeln, Spielrunden und magischen Runden hin. Der einen Gruppe blieb zu wenig Zeit für Metaphysisches, da noch nicht einmal die Grundbedürfnise der Physis gedeckt waren, die anderen hatten zu viel Zeit und mussten einen „außerirdischen" Zeitvertreib finden.

Zeittafel

- **1870: Jules Verne schreibt fantastische Abenteuerromane.**
- **1887: Edison erfindet die Glühlampe.**
- **1888: Willhelm II. wird deutscher Kaiser, Bismarck erlässt die Sozialgesetze, erste Telefonnetze in Deutschland.**
- **1890: erste Segelflüge durch Lilienthal.**
- **1895: Röntgen entdeckt die Röntgenstrahlen.**
- **1900: Frauen erhalten das Recht zum Studium, Max Planck und Albert Einstein begründen die neue Physik.**
- **1910: Die Titanik versinkt im Eismeer.**
- **1914: Attentat in Sarajevo, der Erste Weltkrieg beginnt.**
- **1917: Russische Revolution.**

Die Psychoanalyse

Ende des 19. Jahrhundert mehrten sich die Fälle von Hysterie und irrationalen Erkrankungen bei Frauen, vor allem in der so genannten besseren Gesellschaft. Hexerei oder Besessenheit konnten dafür nicht mehr verantwortlich gemacht werden, zu weit war man von solchen spirituellen Ansichten entfernt. Auffälligerweise gab es in manchen Gegenden mehr Fälle von „Frauenleiden" als anderswo. Wien war mit seiner Gesellschaftsstruktur besonders von diesem Phänomen betroffen. Ein Arzt hatte sich in seiner Arbeit speziell auf diese Erscheinungen konzentriert und damit eine neue Richtung der Medizin begründet: Sigmund Freud und die Psychoanalyse.

Sigmund Freud

Der österreichische Nervenarzt Sigmund Freud (1856–1939) hatte zunächst bei hirnanatomischen Forschungen die schmerzbetäubende Wirkung von Kokain entdeckt. Weiterhin entwickelte er mit seinem Kollegen Breuer ein Verfahren zur Heilung von traumatischen Erfahrungen. Dies sollte der Anfang seiner später entwickelten Psychoanalyse sein – eine Fortsetzung der älteren Psychologie. Die Erweiterung dieses älteren Begriffs liegt hauptsächlich in Freuds Erkenntnis, das Unterbewusstsein und die daraus resultierende Triebdynamik mit einzubeziehen. Als Haupttrieb bezeichnete Freud die Libido, also den Sexualtrieb. Da dieser gerade in der bürgerlichen Gesellschaft des ausgehenden 19. und angehenden 20. Jahrhunderts moralisch völlig unterdrückt wurde und sich aber auf der anderen Seite dann eine Doppelmoral mit steigender Prostitution und Seelenkrankheiten bildete, kann man sich gut vorstellen, dass es ein reiches Betätigungsfeld für den angehenden Pychoanalytiker gab. Da sich Freud neben der Psychoanalyse auch

Besonders die Dramen um 1900 spiegeln die Gesellschaftsverhältnisse des Bürgertums wieder: die Miss- und Unverständnisse zwischen Mann und Frau aus Unterdrückung von Gefühlen und der Zerbrechlichkeit der Seelen.

Freud widmete sich besonders der Traumdeutung, aus der er tief verschüttete Erlebnisse und archaische Empfindungen analysieren konnte. Vieles, bisher Unerklärliches findet hier seine Begründung. Neue Deutungen von der Wirkung der Hexenmagie, wie Beeinflussung, Beschwörungen und Riten, können so rückwirkend gemacht werden.

eingehend mit Völkerkunde und Mythologie befasste, waren ihm die Hexenreligionen und vor allem die psychologische Bedeutung der Magie und des Hexenwesens nicht fremd.

C. G. Jung

Noch einen Schritt weiter in Richtung Bedeutung der Spiritualität sollte der Schweizer Wissenschaftler Carl Gustav Jung (1875–1961) gehen. Er baute zunächst auf Freuds Analysegedanken auf, entwickelt aber dann eine eigene Tiefenpsychologie. Neben der Hervorhebung der individuellen Persönlichkeit und seinem Begriff vom individuellen und kollektiven Unterbewusstsein entwickelte Jung die Lehre der Archetypen. Darin bezieht er sich auf die mythologischen Grundtypen. Da auch er sich eingehend mit Ethnologie (Völkerkunde), Religionen und Mythologie (vor allem der griechischen) auseinander setzte, gelangte er zu der Auffassung, dass zwischen Psyche und Natur ein Sinnzusammenhang bestehe – ein Gedanke, der durchaus dem uralten magischen Hexenglauben entspricht. Jung hat sich auch bei seinen Forschungen eingehend mit den Urreligionen, der Urweiblichkeit und der Bedeutung von geistigen Führern auseinandergesetzt.

Seelenliteratur

Bedeutende Schriftsteller haben sich in ihren Werken vor und nach Freuds Entdeckung der Psychoanalyse eingehend mit dem Phänomen der „verwirrten Frau" auseinander gesetzt. Einer der bekanntesten ist sicher der österreichische Autor Stefan Zweig (1881–1942). Seine Werke beschäftigen sich fast ausschließlich mit Gefühlsverwirrung und unterdrückten Leidenschaften, ebenso wie Arthur Schnitzler (1862–1931). Der zunächst als Arzt arbeitende Schnitzler hatte sich fachlich vor allem mit der Hypnose beschäftigt und gilt als literarisches Pendant zu Freud. Seine Werke sind ein Spiegel der Wiener Gesellschaft des „Fin de Siècle". Geradezu psychoanlytisch sind seine Theaterstücke aufgebaut, mit ihrer Zurschaustellung des inneren Monologs und den zerbrechenden Beziehungen. Doch nicht nur die Dekadenz der k. und k. Monarchie, sondern auch die schwermütige Atmosphäre und Moral der skandinavischen Länder hat herausragende Gesellschaftsporträts geschaffen. Hier sei vor allem zu nennen: der Schwede August Strindberg (1849–1912), der neben realistisch-satirischen, autobiografische und historische Werke schuf. Nach einer schweren Persönlichkeitskrise (1894–96) hat er sich ausführlich mit Okkultismus und Alchemie beschäftigt.

Der Norweger Henrik Ibsen (1828–1906) hat in seinen Dramen schon sehr früh psychoanalytische Erkenntnisse vorweggenommen.

Nach der Mitte des 20. Jahrhunderts bekommt der Hexenglaube eine Renaissance. Die Gesellschaft hat sich gewandelt, eine Übersättigung an Rationalität, Überindustrialisierung und last not least ein neues Frauenbewusstsein tragen zu einem ungeahnten Aufschwung alles Spirituellen und somit auch des Hexenglaubens bei. Ein neues Bewusstsein erlaubt die Wiederbeschäftigung mit einer der ältesten Religionen der Welt.

Die neuen

Hexen

Zeittafel

- 1921: Mussolini wird in Italien faschistischer Diktator.
- 1924: Stalin wird Diktator Russlands.
- 1929: Beginn der Weltwirtschaftskrise.
- 1930–33: weltweite Arbeitslosigkeit.
- 1933: Hitler übernimmt die Macht in Deutschland.
- 1936: Beginn des Spanischen Bürgerkriegs.
- 1939: Hitler beginnt den Zweiten Weltkrieg. Moderne Atomforschung macht Fortschritte, Auswanderung vieler jüdischer Intellektueller und verfolgter Künstler aus Deutschland.
- 1939–40: Vernichtung von Millionen von Juden in den Konzentrationslagern der Nazis.
- 1945: Ende des Zweiten Weltkriegs, Abwurf der Atombombe über Hiroshima
- 1949: Gründung der Bundesrepublik Deutschland. Konrad Lorenz entwickelt die Verhaltensforschung.

Das neue Hexenbewusstsein

Eine Frau hat entscheidend dazu beigetragen, dass sich ein neues Hexenbewusstsein im 20. Jahrundert bilden konnte. Die Ägyptologin Margret Murray. Neben den parawissenschaftlichen Führern der neuen Hexenbewegung, die die neue Hexenkultur ganz entscheidend geprägt haben, hat sie mit Sicherheit den größten wissenschaftlichen Anteil.

Die historische Bedeutung der Hexen

Auch die Ägyptologin Margret Murray war zunächst der Ansicht, dass Hexen immer „alte Frauen seien, die dem Teufel auf den Leim gegangen waren“. Doch je mehr sie sich mit mittelalterlichen Inquisitionsakten befassste, desto mehr hatte sie den Eindruck, dass die wahre Identität des Teufels ein gehörnter, männlicher Gott sein musste, ein Teil einer heidnischen Fruchtbarkeitsgottheit. Das Gegenstück musste weiblich sein. Schließlich stieß Murray auf die passende antike Form, die bei den Griechen Artemis oder Hekate und bei den Römern Diana hieß. Murray kam zu der Erkenntnis, dass Hexenglaube und vorchristliche Fruchtbarkeitsriten ein und dasselbe waren, ja sie ging so weit zu sagen, der Hexenglaube sei die früheste Religion, die Ur-Religion überhaupt. Dieser Glaube, so Murray, ließ sich 25 000 Jahre zurückverfolgen, bis zu einem sagenhaften Zwergenvolk, das in Vergessenheit geraten war und von dem nur nachfolgende Völker als Legende berichtet haben. Demnach muss es eine ausgesprochen fröhliche Religion gewesen sein, mit Festen und ungehemmter Sexualität und das muss schließlich den Inquisitoren so verwerflich vorgekommen sein, dass sie versuchten, alles zu vernichten, was den Anschein danach hatte. Als Margret Murray schließlich 1921 ihre These

Der archaische Glaube an die Natur, dem schon die Jäger und Sammler der Frühzeit huldigten, wurde durch Wissenschaftler im 20. Jahrhundert wiederentdeckt und als Ursprung des Hexenglaubens entziffert.

veröffentlichte, ließen die Kritiken nicht auf sich warten. „Alles Quatsch", riefen ihre Gegner. Heute geht man mit Murrays Thesen vorsichtiger um, denn in der Zwischenzeit haben auch andere Anthropologen und Altertumsforscher herausgefunden, dass es sich beim Hexenkult um eine archaische Form von Religion und Spiritualität handelt.

Gerade die Forschungen der Archäologen, Ethnologen und Anthropologen brachte die Erkenntnis, dass der antike Diana-Kult ein Nachfolger des archaischen Hexenkultes war.

Die weiße Göttin

Bereits 20 Jahre vor Murray hatte ja der Schriftsteller Charles Leland sein Buch „Aradia" veröffentlicht, in dem er die Existenz von Hexen durch autentische Berichte zu beweisen versuchte. Weitere 20 Jahre nach der Veröffentlichung von Margret Murray fand ein anderes Buch großen Zuspruch und gilt in Wicca-Kreisen auch heute noch als Kultbuch. Robert Graves verfasste 1948 ein Buch mit dem Titel „Die weiße Göttin". Nicht nur, dass Graves darin in lyrischen Worten die Urreligion preist, in deren Mittelpunkt die matriarchalische Mondgöttin steht, er sieht auch im Hexenglauben die einzige Möglichkeit, sich aus den Fängen der modernen Zivilisation zu retten. Obwohl die Hexenanhänger aus dem Buch bis heute ihre „erleuchteten" Gedanken ziehen, enthält Graves Buch ganz klar auch eine Kritik am bestehenden Hexenkult. Als zu spielerisch, als zu spaßorientiert sieht er die moderne Verwirklichung des Kultes und mahnt einen wirklichen Führer an – „einen begnadeten Mystiker", der das alte, ernste Wissen um die Naturkräfte wieder beleben würde. Mit seiner Bemerkung zielte Graves auf einen charismatischen Engländer namens Gerald Gardner, der durchaus den Hexenkult mystisch belebte, allerding, wie Graves fand, auf unseriöse Weise.

Sprache der Wicca

- **Die Alten, auch die Mächtigen genannt: Sie werden bei Wicca-Ritualen als Wächter angerufen.**
- **Anrufung: bei Zusammenkünften gesprochenes Gebet.**
- **Konvent: eine Gruppe eingeweihter Wicca.**
- **Deosil: dem Lauf der Sonne nach, im Uhrzeigersinn.**
- **Elemente: Erde, Luft, Feuer, Wasser (Geist) – im Wicca-Glauben die Bausteine des Lebens.**
- **Erdkraft: sichtbar gewordene göttliche Kraft.**
- **Esbat: Vollmondfest der Wicca, das 12- evtl. 13-mal im Jahr gefeiert wird.**
- **Hausgeist: ein Tier, zu dem eine Hexe eine tiefe Bindung hat.**

Symbole der Wicca

Auch bei den Neuheiden unterliegen die Rituale strengen Vorschriften. So ist das Tragen bestimmter Gegenstände vorgeschrieben.
Mit dem Schwert werden symbolische Trennungen vollzogen.
Ein Stirnreif mit einer Mondsichel ist das Symbol der Mondgöttin und wird von der Hohepriesterin getragen.
Die Athame, ein beidseitig scharfer Dolch, wird benutzt, um die Kraft oder psychische Energie aus dem Körper zu leiten.
Der Kelch verkörpert die Göttin und das weibliche Prinzip.
Der Besen symbolisiert den Herd und ist ein Mittel zur Reinigung der Kulturstätte.
Der Zauberstab ruft die Gottheiten an.

Männer als Hexenführer

Interessanterweise sind es zunächst Männer, die den heutigen Hexenkult mit beeinflusst haben. Jener Gerald Gardner, den Graves so kritisch betrachet hat, scharte eine große Gemeinde von Anhängern um sich und prägte die heutige Hexenkultur entscheidend mit.

Gerald Gardner

In seinem 1954 erschienenen Werk „The witchcraft today" bestätigte Gardner die Richtigkeit von Margret Murrays Theorie und bestand auf dem Religionscharakter des Hexenkultes. Interessant ist, dass Gardner vor 1954 so eine Behauptung in England gar nicht hätte veröffentlichen können, da erst in diesem Jahr das britische Parlament das Gesetz über das Hexenwesen von 1735 aufhob. Tatsächlich kümmerte es im Parlament so gut wie niemanden, denn jeder nahm an, dass der Hexenglaube ausgerottet sei. Das glaubte auch Gardner, bis er sich, aus Interesse an Okkultem, auf einer Versammlung einer angeblichen Hohepriesterin befand. Dort stellte er fest, dass sich das Hexenwissen seit der Verfolgung heimlich von Generation zu Generation weitervererbt hatte und nun noch immer in geheimen Zirkeln existent war. Wenig später wurde Gardner durch „Zufall", wie er behauptete, in den Kult eingeführt, als er sich inmitten eines Initiationsritus befand. Danach sah er sich als Gesalbter und wurde bald zum Sprachrohr des Kultes. So schrieb er dem Hexenkult ungeahnte politische Entscheidungen zu,

Mit dem Besen wird die Kultstätte nicht nur rituell, sondern tatsächlich gereinigt.

indem er in seinem Buch behauptete, dass durch Hexerei Hitlers Einmarsch in England verhindert worden sei, indem sich 1940 Hexenzirkel an der britischen Küste versammelt hätten, um mittels energetischer Kraftkonzentration die Invasion zu verhindern. Dieses, von Gardner als „burning brand" bezeichnete Phänomen hätte auch 1588 den Untergang der spanischen Armada bewirkt. Neben diesem geschichtlichen Hexenzauber veröffentlichte der Okkultist, der auch ein leidenschaftlicher Nudist war, neue Hexenmixturen, vermischt mit Riten und Zitaten seines Magierfreundes Alister Crowley. Dazu mischte er Teile aus „Aradia" und „Der Weißen Göttin" und schrieb das Ganze in 162, in altelisabethanischem Englisch verfassten Versen nieder. In diesen „Craft Laws", dem Katechismus des modernen Hexenkultes, bezieht Gardner auch die Nacktheit der Hexen mit ein, denn nur so könnten sie sich vom Alltag befreien.

Das Schwert dient im Wicca-Kult der Energieleitung.

Gardners Kritiker

Natürlich zog der zur Provokation neigende Gardner viele Kritiker an. Viele unterstellten ihm Scharlatanerie und behaupteten, er habe aus der alten Religion eine neue erfunden, die nach seinen Regeln funktioniert. Außerdem wiesen die Kritiker Gardner nach, dass seine Neuschöpfung des Hexenkultes einige Sprünge aufweise. So hätte die Gardiander-Wicca in den Anfangstagen eine männliche Gottheit verehrt, Mitte der 50er Jahre sei aber an seiner Stelle eine weibliche Hohepriesterin getreten. Dies geschah durch die erste Hohepriesterin der Gardianer, Doreen Valiente, die sich an Graves Theorie von der antiken Urgöttin hielt und diese auch durchsetzen konnte, wie viele weitere Rituale der Gardianer. So scharf doch seine Gegner Gardners Theorien und auch Ausführungen beurteilten, so einig waren sie sich darin, dass er den Wicca-Kult in diesem Jahrhundert wieder belebt hatte. Als Hohepriester seines eigenen Konvents war Gardner verantwortlich für die Initiation der neuen Hexen und die Bildung neuer Konvente. Aber es gab auch Gründungen, die sich lediglich an den Schriften Gardners orientierten. Wieder andere Orden beriefen sich auf nordische, germanische und keltische Traditionen und werden demzufolge Traditionalisten genannt.

Sprache der Wicca

- **Heide: Anhänger einer vorchristlichen, magischen, polytheistischen Religion.**
- **Hexenwerkzeuge: rituelle Gegenstände der Wicca.**
- **Kult: der Hexenglaube.**
- **Magie: die Kunst, das Bewusstsein oder die Realität mit nichtphysischen Mitteln zu verändern.**
- **Sabbat: eines von acht gleichnamigen Jahresfesten.**
- **Weissagen: die Kunst, Unbekanntes aus Tarot-Karten, einem Kristall oder Pendel herauszulesen.**
- **Neuheiden: heutige Anhänger einer Naturreligion.**
- **Wicca: neuheidnische Naturreligion.**
- **Zauberformel: eine Art Gebet, das zu einem bestimmten Zweck Magie heraufbeschwört.**
- **Zauberspruch: magische Formel, in schriftlicher Form als Amulett zur Abwehr bestimmter Kräfte getragen; als Talisman getragen, zieht er bestimmte Kräfte an.**

Legendäre Hexenfilme

1909: In the days of witchcraft (USA)
1916: Witchcraft (USA)
1922: Häxan (Schweden)
1937: Schneewittchen und die sieben Zwerge (USA)
1939: Das zauberhafte Land (USA)
1942: Himmelsspiel (Schweden), Meine Frau, die Hexe (Frankreich)
1943: Tag der Rache (Dänemark)
1944: Die Jungfrau und der Teufel (Schweden)
1954: Hänsel und Gretel (USA)
1955: Frauen, die dem Satan dienen (Frankreich)
1956: Das siebente Siegel (Schweden)
1957: Die Hexen von Salem (Frankreich/DDR)
1958: Meine Braut ist übersinnlich (USA), Dornröschen und der Prinz (USA)
1959: Das gestohlenen Glück (Finnland), Der Zauberer und die Banditen (Japan)
1960: Stadt der Toten (England), Il Demonio (Frankreich), Rächer der Verdammten (Italien), Die Stunde, wenn Dracula kommt (Italien)
1961: Hypno (England)
1963: Der Löwe des gelben Meeres (Japan), Die Hexe und der Zauberer (USA)
1964: Kwaidan (Japan), Witchcraft (England)
1965: Die Schwester des Satans (Italien/Jugoslawien)
1966: Die Hexe ohne Besen (Spanien/USA), Hexe der Liebe (Italien), Hexen von heute (Italien/ Frankreich), The Witches (England)

Hexenfiguren im Film

Das Thema Hexen ist wie kaum ein anderes dazu geeignet, die Fantasie von Filmemachern, Drehbuchautoren und schließlich die des Publikums zu entfachen. Schon in der Stummfilmzeit war dieses Genre beliebt, zumal es gerade in der stimmlosen Kunst des Stummfilms die Möglichkeit zu gestischem Reichtum bot.

Die Hexen in der Filmgeschichte

Zwar war das Hexenthema nie ein Modethema, wie Wildwestfilme oder Sciencefictionthemen, aber dafür zeichnet es sich durch ständige Präsenz in den Kinolisten aus. Die Hexenfilme lassen sich leicht in vier Kategorien einteilen: zum einen Filme mit dem Schwerpunkt Hexenwahn und -verfolgung. Zum Zweiten: Horror und Okkultismus. Als Drittes: Legenden, Märchen und Trickfilme. Und schließlich: Hexenkomödien. Sicher ist der Hexenstoff immer faszinierend, weil er zum einen die Möglichkeit des Irrationalen und des schrägen Szenenwechsels bietet. Besonders kuriose Momente bietet der Stoff in Komödien, wo Verwechslung, Verzauberung und überzeichnete Charaktere klassische Zutaten sind. Ein Beispiel hierfür wären die „Hexen von Eastwick", eine schrille 80er-Jahre-Komödie aus Hollywoods großen Trickstudios mit erstklassiger Besetzung: Cher und Jack Nicholson in den Hauptrollen. Hier wird das alte Hexenthema, nämlich die Buhlschaft mit dem Teufel, ad absurdum geführt. Nicholson, der als Mephisto keinen Widerspruch gewöhnt ist und nie damit rechnet, dass ihn selbst jemand behexen könnte, gerät in die Fänge von drei Freundinnen, die im Zuge der neuen Bekanntschaft ihre eigenen Hexenfähigkeiten entdecken und lieben lernen. Ende der 90er Jahre erlebte der Hexenfilm eine neue Renaissance mit zahlreichen Poltergeist- und Hexenfilmen, die vor allem durch reiche Trickausstattung glänzen. Ein weiteres Lieblingsthema seit Anbeginn der Filmgeschichte sind die Vampirthemen, die ebenso von schauerlich-grausam bis gruselig-skurril reichen. Seit 1897 das Draculabuch erschienen war, gab es kein Jahrzehnt, in dem nicht mehrere Vampirfilme gedreht wurden. Ein Klassiker des dämonischen Vampirfilms ist sicherlich Werner Herzogs „Nosferatu" mit Klaus Kinski in der Hauptrolle. Dieses alte Vampirthema wurde bereits von Friedrich Murnau in den 20er Jahren als Stummfilm gedreht. Roman Polanski hat schließlich mit seinem Film „Tanz der Vampire" eine satirische Fassung des Themas gebracht. Immer wieder bot der Hexenstoff auch die Möglichkeit, sadistische Erotikszenen einzubauen. Kaum ein Stoff bot mehr Möglichkeiten, innerhalb des

Handlungsstrangs viele gefolterte halbnackte Frauen zu zeigen, an denen sich Folterknechte versuchten. Auf der anderen Seite bediente die Filmindustrie natürlich auch die Kinder mit zahlreichen Verfilmungen des beliebten Hexenthemas. In den 60er Jahren entstand eine legendäre Serie in den USA: „Bezaubernde Jeanny", eine kleine Flaschenhexe, die ganz normal in bürgerlicher Ehe mit einem amerikanischen Durchschnittsmann in einem amerikanischen Durchschnittshaus lebt und die Bürgerlichkeit immer wieder durch ihre Zauberfähigkeit durchbricht. Am Beispiel Film kann man also gut erkennen, wie vital das Thema Hexe auch in unserem Jahrundert ist und war, auch zu Zeiten, da der Hexenglaube ausgestorben zu sein schien.

1967: Schöne Isabella (Italien)
1968: Die Hexe des Grafen Dracula (England), Der Hexenjäger (England)
1969: Hexen bis auf Blut gequält (Deutschland), Die Hexenjagd (ČSFR)
1970: Der Todesschrei der Hexen (England), Der Teufel (England), Der Hexentöter von Blackmoor (Spanien/Italien/Deutschland)
1971: Die tollkühne Hexe in ihrem fliegenden Bett (USA)
1972: Die Nonnen von Clichy (Portugal), Hexen – geschändet und zu Tode gequält (Deutschland)
1974: Der Antichrist (Italien)
1976: Der blaue Vogel (USA/UdSSR)
1977: Sindbad und das Auge des Tigers (England/Spanien)
1978: Die Wölfin vom Todesmoor (Österreich)
1980: Meine Frau ist eine Hexe (Italien)
1982: Conan, der Barbar (USA), Das letzte Einhorn (USA)
1984: Hexensabbat (Ungarn), Zeit der Wölfe (England)
1989: Die Hexen von Eastwick (USA)

Wunderbar gruselig bot der Schauspieler Max Schreck den Nosferatu. Seine Gestalt prägte die Vorstellung vom Vampir entscheidend mit, zumal die Schwarzweißfassung und der Stummfilm die Schauerlichkeit der Figur noch erhöht haben.

Hexentradition ideologisch missbraucht

Als Hitler 1933 in Deutschland an die Macht kam, begann er sofort mit seinem entsetzlichen Rassenprogramm. Ziel seiner Ideologie war es, ein arisches Volk zu kreieren, egal mit welchen Mitteln. Sein Programm hatte den schrecklichsten Genozid (Völkermord) der Geschichte ausgelöst – Millionen Menschen wurden aufgrund ihrer Rassen- und Religionszugehörigkeit getötet. Allein schon wegen der Irrationalität des Grundes erinnert dieser Massenmord an die Verbrennungen der Millionen schuldloser Frauen und Männer im Mittelalter. Aber noch andere Parallelen schuf der Nationalsozialismus und verkehrte so die ursprünglich positiven Grundelemente des Hexenglaubens in das düstere Szenario des Rassenwahns.

Der Nationalsozialismus

Der Nationalsozialismus ist eine radikal völkisch-nationale, extrem chauvinistische und rassistische politische Bewegung, die ihren Gipfel in Hitlers „Drittem Reich“ (1933–1945) fand.

Germanisch-blond und erdverbunden

Hitler stellte sich den „Idealmenschen“ blauäugig, blond und groß gewachsen vor – das Ideal war „germanisch“. Mit diesem Stempel trieb er die einen Menschen in den Tod, andere führte er seinem Rassenprogramm zur „Vermehrung“ zu, wieder andere impfte er mit dieser Ideologie so sehr, dass sie ihm und seinen Vorgaben bedingungslos folgten. Dazu zählten auch das Idealisieren alles Germanischen und das Wiederauflebenlassen zahlreicher heidnischer Kulte, wie sie von den Urzeiten her überliefert waren und auch von den Hexenbünden angewendet wurden. Dazu zählten zum Beispiel die Sonnwendfeuer. Dieser uralte Brauch, der zu den Standardfesten der Hexen gehörte, wurde von Hitler gruppendynamisch genutzt. Das archaische Überspringen des Feuers, ein klarer Hexenritus, war gang und gäbe auf den Versammlungen der Hitlerjugend zur Sonnwendfeier. Die stark ritualisierten Versammlungen und das Besingen von „Boden, Scholle“ und Blutszugehörigkeit hatten den Sinn, die Gemeinschaft zu stärken. Noch heute geben sich neofaschistische Gruppen und Sekten so erdverbunden und greifen auf ähnliche Symbole zurück wie die Hexenbün-

Hitlers Ideologie war voller Widersprüche. Die reale Frau, die „Idealfrau" seines „Idealvolkes" stellte er sich rundwangig, gebärfreudig, blond und erdverbunden vor. (Bild links unten) Auf der anderen Seite verehrte er die Werke Richard Wagners, der mit seinen altgermanischen Sagenstoffen auch die sagenhaften Frauen, wie die Walküren, beschrieb und somit einen magischen, göttlichen Frauentypus vorstellte, der mehr zauberische Hexe als reale, treue Frau war.

de. Die alten und ursprünglich positiven Feiergebräuche der Hexen, diese Zeichen der alten Urreligion, wurden somit ideologisch verunstaltet und mit einem schlechten Ruf versehen. Viele von den Nazis verehrte Zeichen wie die altgermanischen Runen, Schwerter oder Feuer sind Symbole aus dem Hexenkult.

Zwei Systeme, die nicht zueinander passen

Umso absurder scheint die Verquickung, da die ureigenste Absicht und das Ziel des modernen Hexenglaubens die bedingungslose Menschenwürde und das Betonen der besonders positiven Kräfte sind. Ganz in der Tradition der Urgöttin ist das Hexenwesen durch völkerübergreifende Liebe und Achtung geprägt, also das ganze Gegenteil rechstextremen Denkens. Interessant ist nur, dass sich Ideologen offensichtlich zielsicher magischer Mittel bedienen, um sich die Untergebenen gefügig zu machen.

Hitlers Manipulation

Hitler baute ein auf ein Freund-Feind-Muster reduziertes Modell eines Staates auf, dessen Ziel es war, die Weltvormachtstellung zu erringen sowohl durch Territorialbesitz als auch durch Ausradierung feindlicher Systeme und Völker, insbesondere des Judentums. Der radikale Antisemitismus führte zur organisierten Ermordung von Millionen Juden, Andersgläubiger, Sinti und Roma, geistig Behinderter und politisch Unbequemer. Hitler war von der bedingungslosen Manipulierbarkeit des Menschen überzeugt, wozu ihm auch jedes Mittel recht war. Er ließ Menschen verfolgen und vergasen, weil sie ihm aus Rassegründen oder wegen einer bestimmten Ansicht nicht passten. Er verfolgte alle Glaubensrichtungen, bediente sich aber durchaus heidnischer Bräuche, ja, setzte sogar Forscher daran, das altgermanische Wissen, die keltischen und nordischen Mythen zu erforschen, um sie seiner Ideologie und seiner Manipuliersucht einzuverleiben. Er missbrauchte das archaische Hexenwesen für seine tödlichen Absichten!

Die Hippiebewegung und die neuen Frauen

Indische Stoffe, orientalische Bräuche, Hasch und lange Haare – was von älteren Generationen als Provokation verstanden wurde, war Ausdruck eines neuen Lebensgefühls.

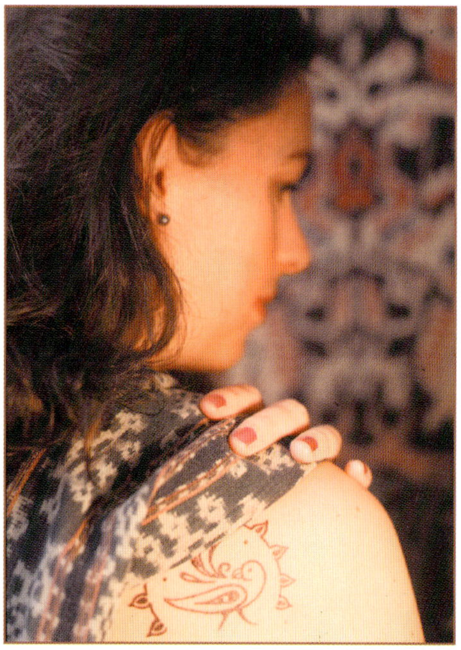

Die Frauen nach dem zweiten Weltkrieg waren in Deutschland zunächst mit dem Wiederaufbau beschäftigt. Spiritualität hatte in dieser Zeit noch keinen Platz. In England hingegen bildeten sich unter Gardner und Graves schon die ersten Hexenkonvente, ebenso in Amerika. Es sollte aber noch eines gesellschaftlichen Wandels bedürfen, um dem Hexenkult wieder zu neuem Ansehen zu verhelfen.

Zigeunerforschung und Hippiebewegung

In den Fünfziger- und Anfang der Sechzigerjahre schwappten immer mehr Geschichten von russischen Wissenschaftlern in den Westen, die in der Zeit nach der Russischen Revolution sich mit der Erforschung der sibirischen Halbnomadenvölker beschäftigt hatten. Aus diesen Berichten ging hervor, dass diese Zigeunervölker ein tiefes Wissen um eine indische Göttin hatten. Dieses geheim gehütete Bild der schönen Frau bestand vollkommen aus einer Idealisierung des Weiblichen und der göttlichen Fruchtbarkeit der Frau. Nichts Sündiges wohnte demnach dem Geschlechtsakt, der Zeugung sowie der Geburt inne. Bei all diesen Zigeunerstämmen, egal, ob sie islamischen, buddhistischen, orientalisch-katholischen Glaubens waren, empfing eine Frau ihr Kind in einem „ekstatisch-glücklichen" Zustand, sozusa-

Die sanfte Geburt

Die neuen Geistesströmungen hatten vor allem auch Einfluss auf die Medizin. In den 60er Jahren haben die beiden Gynäkologen Leboyer und Michel Odent die so genannte „sanfte Geburt" initiiert. Beide hatten festgestellt, dass durch gezielte Vorbereitung auf die Geburt und vor allem eine behagliche Atmosphäre während der Geburt die Frauen leichter ihre Kinder zur Welt bringen würden. Gleichzeitig begann man auch die Väter zur Geburt hinzuzuziehen. War es zu Beginn der 60er Jahre noch üblich, in grell beleuchteten, technisierten Kreißsälen zu entbinden und die Frauen während der Geburt zu betäuben, so ging man jetzt dazu über, Geburt auch ohne Narkose, durch richtige Atmung und in einer für Mutter und Kind sanften Umgebung durchzuführen. Die frisch geborenen Kinder wurden den Müttern auf den nackten Bauch gelegt und nicht sofort in die medizinische Routine übergeben. Sicher war einerseits die Begegnung mit fremdländischer Medizin und Traditionen ausschlaggebend, aber auch das neue Selbstbewusstsein der Frauen, die die Geburt, das Urweiblichste an sich, selber bestimmen wollten und nicht mehr länger Werkzeug der Medizin sein wollten. Geburt, Stillen und Fruchtbarkeit bekamen einen neuen Stellenwert und gaben so den Frauen langsam eine verlorene Würde zurück, die in der großen Urreligion des Hexenglaubens seit Anbeginn der Menschheit angelegt worden war.

New Age

Mitte der Sechzigerjahre entstand in Kalifornien eine gesellschaftliche Gegenkultur, die die herkömmlichen sozialen Verhältnisse, Körper-und Geistbewusstsein sowie die Weltpolitik, vor allem aber das mechanistische und rationale Weltbild in Frage stellte. Durch den Einfluss fernöstlicher Kulturen sowie neuer Ansätze in Physik und Biologie entwickelte sich ein egozentriertes Bewusstsein, das den Menschen als eins mit dem Kosmos begreift. Durch bewusstseinserweiternde Maßnahmen wie Meditation, Psychotechniken und Drogen kann dieses Gefühl verstärkt werden. Diese so genannte New-Age-Bewegung setzte die Esoterikwelle in Gang.

gen als Geschenk von „Gott und den Ahnen". Die Geburt war für diese Frauen leichter und durch das Stillen wurde die Kommunikation zwischen Mutter und Kind fortgesetzt. Als die Jugend in den Sechzigerjahren diese östlichen Weisheiten vernahm, wurde ein Denkprozess angestoßen. Gerade in dieser Zeit war das Leben stark materialistisch und auf Wohlstand ausgerichtet. Die Körperlichkeit war noch stark tabuisiert. Kinder kamen in sterilen Kreißsälen zu Welt, Stillen galt als unmodern und Prüderie beherrschte die Schlafzimmer der Nachkriegsgeneration. Dem stand nun eine Jugend entgegen, die neue Wege suchte. Tief überzeugt, bereits vorgeburtlich auf ein Leben in Liebe und Frieden vorbereitet zu sein, fingen viele Frauen an, ihre Schwangerschaft besonders bewusst zu erleben. Der Vietnamkrieg den USA setzte eine Pazifismusbewegung in Gang, die von Kalifornien aus in die ganze Welt ging. Gerade in Kalifornien hatten die neuen geistigen Strömungen Fuß gefasst. Einflüsse aus Asien brachten fernöstliche Spiritualität. Der Slogan „Make love, no war" wurde Postulat und die Hippiebewegung glaubte bald, dass alles durch Liebe, sowohl geistige als auch frei gelebte körperliche, gelöst werden könne. Dies blieb nicht ohne Auswirkung auf die Stellung der Geschlechter zueinander. Außerdem kam Mitte der sechziger Jahre die Pille auf den Markt, was das Sexualverhalten enorm beeinflusste. Frauen konnten sicherer mit ihrer Sexualität umgehen, sie waren den Männern ebenbürtig. Das Frauenselbstbewusstsein veränderte sich und damit besann man sich auch wieder auf die Zeiten, in denen Frauen ein hohes Ansehen hatten: die Zeit der Großen Göttin, der Urmutter des Hexenglaubens. Ein Siegeszug des Hexenglaubens begann.

Besonders Berichte von den Geburtsumständen und der Kinderbetreuung bei einfachen Völkern haben die Frauen körperbewusster gemacht und schließlich einen Umschwung in der modernen Geburtsmedizin bewirkt.

Zeittafel

- 1945: Ende des Zweiten Weltkriegs.
- 1946–1975: Vietnamkrieg.
- 1961: Mauerbau in Deutschland.
- 1965: Beginn der Hippiebewegung, die Beatles und die Rolling Stones schreiben Musikgeschichte.
- 1968: Das Woodstock Festival führt Hunderttausende Jugendliche der Hippiebewegung zusammen, Women's Lib, die große amerikanische Frauenrechtsbewegung entsteht.
- 1969: erste bemannte Mondlandung.

Gerade durch die indische Tantralehre und die asiatischen Weisheiten wurde die neue Sinnsuche des Westens geprägt. Die neuen spirituellen Richtungen und ganzheitlichen Lehren haben vor allem durch z. B. den mesoamarikanischen Schamanismus, die alte chinesische Medizin, das indische Ayurveda und das buddhistische Glaubensgut neue Dimensionen gewonnen.

Die neue Geistsuche

Aus der New-Age-Bewegung, die viele spirituelle Zentren hervorbrachte und alle Menschen ansprach, ergab sich eine neue Geisteshaltung, die bis heute ungeahnten Erfolg hat. In ihrem Umfeld konnte auch der alte Hexenglauben eine neue Bestätigung finden und besteht nun neben den anderen spirituellen Richtungen gleichberechtigt und vor allem von einer immer breiter werdenden Schicht von Frauen getragen: in der Esoterik.

Die Esoterik

Das aus dem Griechischen kommende Wort „esoterisch" heißt übersetzt: „nur für einen würdig befundenen Kreis Auserwählter oder Begabter bestimmt". Ursprünglich wurde der Begriff für eine mündlich überlieferte Philosophie gebraucht. In einer neueren Auslegung wird der Begriff auch auf okkulte Lehren angewendet, wie die Astrologie, religiöse und okkulte Themen. Und in genau dieser neuen Auslegung hat auch der Hexenkult ein neues Gebiet der Verbreitung und der Achtung gefunden. Unter dem Begriff Esoterik findet man heute neben den klassischen Feldern wie Astrologie, Kosmologie, Okkultismus sowie sämtlichen Naturreligionen und fernöstlichen Glaubensrichtungen vor allem auch viele ethnologische Themen, in deren Zentrum immer die Ich-Findung, die Persönlichkeitsentwicklung und die Bewusstseinserweiterung stehen. In einer von Technologie beherrschten Welt scheint diese Gegenbewegung – nur aus sich heraus, eingebettet in ein kosmologisches Ganzes, um zu reifen und zu wachsen – eine notwendige Ergänzung zu sein.

Feminismus und Ökologie

Aus der Frauenbewegung der Hippiezeit, aus dem neu gewonnenen Selbstbewusstsein hat sich auch die neue feministische Bewegung formiert. Auf einmal begannen sich die Frauen ihrer alten Rolle als Hüterin und Seherin bewusst zu werden. Das Interesse an den alten matriarchalischen Kulturen und Religionen stieg beträchtlich. Dadurch ergab sich auch ein gesteigertes Interesse an den neuen Wicca-Kulturen, die ja auch erst begonnen hatten, sich von der männlichen Dominanz zu lösen. An ihre Stelle traten die Hohepriesterinnen. Nicht selten waren die Führerinnen von Wicca-Gruppen auch Sprecherinnen der feministischen Gruppen. Immer mehr neue Wicca-Gruppen entstanden und entwickelten sich weiter. Und noch ein weiterer Punkt machte den Hexenkult attraktiv – seine ungeheure Naturnähe. Denn neben den gesellschaftskritischen Ansätzen der Hippie- und Frauenbewegung, neben der Kritik an bestehenden medizinischen Verhältnissen und der seelischen Verfassung des modernen Menschen nahm das Interesse am Erhalt der Natur zu. Die ersten Umweltkatastrophen bestätigten alle Zweifel an der Hochtechnisierung und damit Schädigung der Welt. Ein ökologisches Bewusstsein entstand. Damit wurde auch das alte Wissen um die Heilkräfte der Natur wieder erweckt. Wer, wenn nicht die Hexenreligion, hätte sich besser in diesem Gebiet ausgekannt? Rückbesinnung auf alte Werte, Naturschutz, Naturmedizin und geistiges Bewusstsein wurden zu einem Ziel, das allmählich die ganze Gesellschaft erfasste und auch die Hexenreligion in ein neues Licht rückte.

Fernöstliche Meditationslehren sind mit der Esoterikbewegung immer beliebter geworden.

Ein Gesellschaft verändert sich

Ohne Zweifel wird die Esoterik zu einem Großteil durch Frauen getragen und das hat auch zu einer weltweiten Renaissance des Hexenkults geführt. Berühmte Vertreterinnen des Hexenkults waren in den 70er Jahren Selena Fox und Suzanna Budapest, die den feministischen Diana-Orden begründete. Doch ist die neue Frauenbewegung nicht allein verantwortlich an dem sprunghaften Anstieg von neuen Hexenkonventen und Anhängern. Es scheint auch die Chance zu bieten für „Aussteiger", ein Leben im Einklang mit der Natur zu führen, neue Lebensformen auszuprobieren und vor allem spielerische Elemente des Lebens zu bewahren. Außerdem bietet der moderne Alltag wenig Rituale, die für ein seelisches Gleichgewicht so nötig sind. Der Hexenkult bietet diese Zeremonien und gibt den Menschen dadurch ein Gemeinschaftsgefühl. Leider finden sich auch unter den Konventen immer wieder unseriöse Gruppen, die eher im Sinne einer Sekte geführt werden, als im Dienste des Individuums zu stehen.

Die modernen Hexenanhänger

Eine amerikanishe Studie aus dem Jahr 1989 zeigte, dass die Neuzugänge zu den naturorientierten Hexenkonventen vor allem aus Leuten der gebildeten Mittelschicht bestanden. Auffallend ist der hohe Anteil an Computerfachleuten, Systemanalytikern und Menschen aus anderen Berufen der Hochtechnologie. Gut die Hälfte der Neuzugänge war vorher protestantischen Glaubens, ein Viertel katholisch. Fast alle gaben an, im Hexenkult ihr Bedürfnis nach Kindlichkeit, Naturerfahrung und Erweiterung der Fantasie ausleben zu dürfen. Darüber hinaus entspricht das offizielle Glaubensbekenntnis der Wicca, „Tu, was du willst und verletze niemanden" der Zeiterscheinung nach größtmöglicher individueller Entfaltung.

Naturbezogenheit und Rausch

Ein weiteres gesellschaftliches Phänomen war die weltweit einsetzende Jugend-, beziehungsweise Studentenrevolution. Diese Bewegung nannte sich die Hippies (nach dem engl. Begriff „hip" – eingeweiht sein). Vor allem Jugendliche der Mittel- und Oberschicht rebellierten in friedlich-passiver Weise gegen die Wohlstands- und Leistungsgesellschaft. Ihre Ziele waren die Beseitigung der bürgerlichen Tabus zu Gunsten eines freien, natürlichen und ekstatischen Lebensgefühls, das von einer neuen gemeinsamen Lebensform (Kommune) getragen wurde. Liebe, Musik und Rauscherleben standen im Mittelpunkt. Sowohl New Age wie auch die Beatbewegung (Blumenkinder) haben die Hippiebewegung beeinflusst. Mit den friedlichen Protesten gegen den schon viele Jahre andauernden Vietnamkrieg bekam die Bewegung eine politische Dimension und mündete in die Studentenrevolten von 1968. Diese Sehnsucht nach Bewusstseinserweiterung durch Rauschmittel und die starke Naturbezogenheit entsprachen wieder ganz der alten Hexentradition.

Die alten und neuen Hexenkünste

Plötzlich waren die Hexen wieder da. Die gesellschaftspolitische Entwicklung der 60er und 70er Jahre bewirkte einen Anstieg der Hexenkonvente, sowie einzeln arbeitender, aber organisierter Hexen. Doch diese neuen Hexen hatten kaum mehr etwas mit dem alten Hexenklischee gemein.

Das Hexenmuseum

In Hamburgs Museum für Völkerkunde gibt es ein Extra-Archiv für Hexen. Die dortige wissenschaftliche Mitarbeiterin, eine Ethnologiestudentin, hält in regelmäßigen Abständen eine Hexensprechstunde ab. Neben historischer Beratung von Studenten oder Wissenschaftlern, die sich mit der Hexenverfolgung oder anderen historischen Phänomenen des Hexenkultes beschäftigen, gibt es auch immer wieder Beratungen für Menschen, die glauben, von ihrem Nachbarn oder jemand anderem verhext worden zu sein. In der Hoffnung, dass die Beraterin selbst eine Hexe sei und nun einen Gegenzauber aufbauen könnte, besuchen sie die Sprechstunde. Die dortige Beratung erfolgt aber ausschließlich wissenschaftlich-seriös. Bei Fragen zu Hexentränken und Tinkturen verweist die Beraterin an andere Stellen, wie zum Beispiel kräuterkundige Apotheker oder Naturheiler sowie Archive, die sich mit Pflanzenheilkunde und Pflanzengiften befassen. Interessant ist neben dieser aktiven Nutzung einer Hexenberatungsstelle der Aspekt, dass der Glaube an Schadenszauber auch in unserer Zeit weiter besteht.

Hexenweiblichkeit

Ausgehend von der weltweiten Wicca-Bewegung der Fünfzigerjahre, jenem Zirkel, der sich an der matriarchalischen Naturreligion orientierte, fanden sich immer mehr Anhängerinnen des Hexenkultes, die sich selbst Hexen nannten. Weniger kultisch als feministisch motiviert waren die engagierten Frauen der Frauenrechtsbewegung, die sich Ende der 70er Jahre zum Hexenglauben bekannten. Kampfbereitschaft gegen Unterdrückung und Benachteiligung verband die damaligen Hexen, der Glaube gab ihnen die Möglichkeit, sich in Gruppen zusammenzuschließen. Seit den 80er und 90er Jahren sind die Hexenzirkel immer mehr spirituell orientiert und haben ihren festen Platz in der esoterischen Szene. Nicht mehr Protest gegen Männergewalt und jahrhundertelange Unterdrückung der Frau und der Weiblichkeit ist ihr Programm, sondern die Wiederentdeckung alten Wissens und neuer Spiritualität. Allerdings stammen einige neue Riten aus der Zeit der großen Frauenprotestbewegungen. Im Jahr 1977 formierten sich die Hexenfeministinnen zur Walpurgisnacht-Demonstration, um für Gleichbererechtigung zu kämpfen. Aus diesem Anlass wurde ein alljährlich stattfindendes Fest in der Nacht zum 1. Mai geschaffen, das längst nicht mehr die Gleichberechtigung zum Inhalt hat, sondern eine Feier zu Ehren der weisen Frauen ist. Weltweit finden immer wieder Hexenkongresse statt. Dort finden nicht nur Hexen sondern auch Zauberer, Schamanen, Priester, Voodoo-Künstler, Parapsychologen und Magier zusammen. Die teils seriösen, teils parawissenschaftlichen Vorträge locken Tausende von Besuchern an, die einen Nachholbedarf an Metaphysischem haben und neugierig sind.

Geschäft mit der Hexerei

Der magische Bereich, besonders die Hexerei, hat sich aber auch zu einem handfesten Geschäftszweig innerhalb der boomenden Esoterik entwickelt. Auf den Hexen- und Esoterikmessen tummeln sich nicht nur zahlreiche Schausteller, die vom Kartenlesen bis zur Astroberatung, vom Hexenkräutergarten bis zur Kristallkugel alles anbieten, was für die Magie benötigt wird. Es werden dort auch eine Vielzahl von Ratgebern, Nachschlagewer-

Zukunftsdeutung

Liest man in einer Frauenzeitschrift den Kleinanzeigenteil, vermittelt sich einem ein sehr schillerndes Bild vom modernen Magierwissen. Magierinnen bieten zuhauf ihre Dienste an: Zukunftsdeutung, Partnerzusammenführung, Lebensberatung, Energieübertragung, Erfolgsmagie, Angstbefreiung, Persönlichkeitsnanalysen, Krisenberatung, Engelmagie, Wahrsagen, lateinamerikanische Magie, Channeling, Tarotberatung, Positiveinflussübertragung, Schicksalsprognosen, Liebesrituale und die Liste ließe sich ohne weiteres noch fortführen. Diese Branche hat Zulauf, auch wenn der Erfolg nicht immer auf der Hand liegt und schon gar nicht dort immer zu lesen ist. Aber ganz offensichtlich besteht ein großer Mangel an spiritueller Beratung, an metaphysischen Gesprächen und an Möglichkeiten, Lebenssituationen beurteilen und aushalten zu können. Da viele Menschen sich von den traditionellen Kirchen abgewendet haben, suchen sie jetzt woanders nach geistigem Beistand und Lebenshilfen. Sicher kann in beschränktem Maß Hexenwissen eine Hilfe sein, aber auch hier sind wie überall Niveau, Seriosität, Erfahrung sowie die eigene kritische Einschätzung entscheidend.

ken, Fachbüchern, Seminaren, Kursen sowohl für aktive Hexen als auch für sinnsuchende „Uneingeweihte" angeboten. Der Hexenboom bereichert die Selbsterfahrungsszene. Zu klassischen esoterischen Übungen, die auch von Hexen vorgenommen werden, gehören Seelenmassagen und Rückerinnerung durch Meditation und Hypnose, Reinkarnation, Rebirthing, tantrische Schulung sowie Tarotkartenlegen, Pendeln, Kristallbefragung, astrologiche Beratung und Traumdeutung. Manche der modernen Hexen sind auf den ersten Blick eher Psychotherapeutinnen als geheimnisvolle Magierinnen, doch sind sie selbstbewusst genug, zur Wissenschaft auch parawissenschaftliche Hilfsmittel hinzuzuziehen.

Schwarze und weiße Schafe

Natürlich muss man in dem schier unüberschaubaren Markt der neuen Magie stark unterscheiden können zwischen Geschäftemacherei mit einem trendigen Thema, Scharlatanerie, wahrer Weisheit und völlig seriösen spirituellen Führern. Letztlich ist aber der Erfolg entscheidend. Wenn durch die richtige Behandlung, Konsultation oder sogar Entscheidung, selbst Hexe zu werden, ein deutlicher Gewinn in mentaler Hinsicht zu erkennen ist, dann ist wahrscheinlich die Entscheidung intuitiv richtig getroffen worden – und Intuition wird beim Hexenkult ganz groß geschrieben.

Mit den Jahrmarktshexen oder den okkulten Frauen der Jahrhundertwende haben die neuen Hexen nichts mehr gemein, auch wenn sich manche mit einem schwülen Ambiente und mit extravaganter Kleidung umgeben.

Das Herabziehen des Mondes

Der unablässig zu- und abnehmende Mond verkörpert für die Wicca die Große Göttin in ihren verschiedenen Aspekten: Mädchen, Mutter, alte Frau. Daher spielt die Zeremonie, die magischen Kräfte des Mondes zur Erde zu holen, die wichigste Rolle bei der Verehrung der Göttin. Zwölf- bis dreizehnmal wird dieses „Herabziehen des Monde" von den Wicca-Anhängern pro Jahr zelebriert. Dazu kniet der Hohepriester oder die Hohepriesterin in der Mitte des magischen Kreises und hebt die Arme zum Himmel. Die ihn umstehenden Mitglieder ziehen die Energie ebenfalls in Richtung Priester. Diese Bündelung der Energie verstärkt das Herabziehen der „Mondin". In der Hand hält die Hohepriesterin einen mit Wasser gefüllten Kelch, wenn sie die Kraft des Vollmondes herabzieht, um seine Energie zu nutzen. Manche Konvente oder Einzelhexen unterlassen aber auch oft dieses Ritual und stellen an seine Stelle eine tiefe Meditation.

Wicca-Kult heute

Sinnsuche und die Suche nach dem eigenen Platz in dieser Welt, in diesem Kosmos, beschäftigen viele Menschen. Es herrscht ein allgemeinen Wissensdrang nach metaphysischen Zusammenhängen, doch nicht nur in okkulter Hinsicht. Die Suche nach dem richtigen Glauben ist ein zentrales Thema unserer Zeit. Viele wenden sich fernöstlichen Traditionen zu und wieder andere suchen ihr Heil bei den so genannten neuheidnischen Gruppen. Dazu zählen vor allem die Hexenkonvente.

Neuer Glauben

Die vor allem in England und USA aktiven Gruppen bemühen sich um die Wiederbelebung vorchristlicher Mythen und haben regen Zulauf. Dieser Kult der Wicca hat auch in Deutschland immer mehr Anhänger. Da man zunächst annahm, dass der charismatische Gerald Gardner diesen Kult in den Fünfzigerjahren wieder zum Leben erweckt hätte, sind die immer neueren Forschungsergebnisse umso erstaunlicher, wonach es bereits im 19. Jahrhundert mehr Hexenbünde gab als angenommen. Die Wicca selbst bezeichnen ihre Religion als „Ekstasereligion" und als Religion der Liebe. Von der schwarzen Magie grenzen sie sich vehement ab. Der Tanz nimmt innerhalb des rituellen Lebens eine ganz zentrale Bedeutung ein. Die Urform der Spirale, diese Form der Energiebündelung ist dabei eine Hauptfigur. Die englischen Hexen feiern nackt, um die Energie, die sie beim Tanz gewinnen, ungehindert weiterschicken zu können. Vor allem auf Frauen übt dieser Kult eine große Anziehungskraft aus, da sie die einzige Religion ist, die durch eine weibliche Gottheit geprägt ist. Aber auch für den Mann sehen die Wicca-Anhänger eine Chance, innere Ausgeglichenheit zu erlangen und so sein Selbst zu komplettieren. Auch in der heutigen Wicca-Religion ist die Große Göttin die zentrale, kraftvolle Gottheit, in der alles mündet. Sie ist die Welt und wird als Mondgöttin nach ihren antiken mythischen Vorbildern benannt: Artemis, Aphrodite, Diana, Selene, Freya, Hekate oder Birgit. Kraftvoll ist auch der männliche Gegenpart, der gehörnte Gott. Auch er ist der Liebe verpflichtet, allerdings nur im Sinne positiver Kraft und Stärke. Er ist

Die zum Himmel gereckten Hände bündeln die Mondenergie und führen sie zur Erde. Bei zunehmendem Mond, um Dinge zum Wachsen zu bringen, bei abnehmendem, um Dinge zu Ende zu führen.

zugleich Eros aber auch Logos, die Kraft des Verstandes – das eine schließt das andere im Wicca-Kult nicht aus, hier kann spirituelle Kraft gelebt werden, ohne geschlechtslos zu sein, denn Sexualität wird als essenzielle Kraft empfunden.

Organisation und Ritus

Organisatorisch gliedern sich die Anhänger in kleine Gruppen, Konvente von jeweils 13 Personen, die autonom sind. Das Fehlen größerer Vereinigungen macht den Kult so unauffällig. Sie missionieren nicht und halten sich weitgehend aus der Öffentlichkeit heraus. Bei Wicca-Vereinigungen sollen immer Männer und Frauen anwesend sein, da dadurch die Enegien fließen. Möglichst in freier Natur zelebriert, verehren die Wicca alles Natürliche: Steine, Tiere, Pflanzen. Im Zentrum jedes Rituals steht der Kreis. Dieser Kreis wird oft künstlich erzeugt durch das Nachziehen der Form durch die Athame, den magischen Dolch. Kerzen, Kelch, Weihrauch, magischer Stab und Glocken sind weitere unerlässliche Hilfsmittel. Das allerwichtigste Symbol des Kultes ist das Pentagramm, dessen fünf Spitzen die fünf Elemente beschreiben. In drei Initiationsriten werden Neulinge in den Konvent aufgenommen. Dazu gehören das erste Betreten des magischen Kreises, die Reinigung, das Gelübde, über Erfahrungen im Kreis zu schweigen, sowie die Weihung zum Hohepriester oder zur Hohepriesterin. Dabei erhalten sie geheime Namen.

Strömungen

Die Sensationspresse versucht immer wieder den Wicca-Kult in die Nähe des Satanismus zu stellen, jedoch ist der Wicca-Kult eine eigenständige Erscheinung, in der es ausschließlich dunkle Charaktere wie den Satan nicht gibt. Immer wieder bilden sich Gruppen, die zum Beispiel den Feminismus oder die Sexualität stärker betonen. Aber der Hauptstamm des Hexenkultes ist eine in sich beständige Religion, die sich im Hintergrund hält, aber durch ihr Bestehen seit Anbeginn der Menschheit in ihrer Kraft nicht zu unterschätzen ist. Und sie bietet viele Aspekte, die in den großen Weltreligionen fehlen.

Die Initiation

Die wichtigste Zeremonie innerhalb des Wicca-Kultes ist die Initiation. Sie ist ein Symbol zwischen Tod und Wiedergeburt. Neben der Eigeninitiation, die nur von alleine praktizierenden Hexen vorgenommen wird, ist die Gruppeninitiation üblich. Dabei wird ein Initiand Mitglied des Konvents und bekennt sich zum Wicca-Glauben. Die Lehrzeit für einen Wicca-Initianden kann bis zu drei Jahren betragen. Dabei hat er sich mit Wicca-Geschichte, mit den rituellen Gerätschaften und den Zeremonien vertraut gemacht. Oft wird der Initiand nackt mit zusammengebundenen Händen in den Kreis, der vorher mit der Athame gezogen wurde, geführt. Die Hohepriesterin oder der Hohepriester tritt, in ein Wolfsfell gehüllt, der Initiandin oder dem Initianden entgegen, hält ihm die Athame an die nackte Brust und fragt ihn nach seinem Begehr. Dann wird ihm sein Hexenname genannt. Anschließend bekennt er sich zu einem spirituellen Leben und zu einem uneingeschränkten Vertrauen zur Gruppe. Nachdem der Initiand in alle vier Himmelsrichtungen gedreht wurde, wird er von der Gruppe begrüßt und ein Gelage beschließt die Zeremonie.

Hexenkult in Amerika

Nach England wurde Amerika am meisten vom Hexenkult, der sich nach 1964 durch Gerald Gardner ausbreitete, erfasst. In den USA, die immer schon ein Boden für sich separierende Gruppen mit verschiedenen Glaubenszugehörigkeiten war, begann schließlich bald darauf die Hippiebewegung. Im Zuge des Interesses an fremden Kulturen begann man sich dort dann auch für die Kulturen im eigenen Land zu interessieren und erforschte die Ureinwohner des Landes, die man bald mit ganz anderen Augen sah.

Mexiko und Indianer

Durch die neuen Erkenntnisse über die Nordamerikanischen Indianer und die Stämme an der Grenze zu Mexiko stellten die Forscher bald fest, dass diese Völker über ein ganz ausgeprägtes magisches Wissen verfügten, das denen der archaischen Hexen nicht unähnlich war. Zwar war die Indianerreligion männerorientiert, jedoch Schamanismus und die medizinischen und magischen Kräfte des Medizinmannes erinnerten ganz an die naturorientierten Riten des Hexenkultes. Bald sollten sich in der Nähe indianischer Kraftorte auch die Anhänger neuer esoterischer Richtungen sowie des Hexenkultes ansiedeln. Dort wurden Zeremonien abgehalten. Spirituell veranlagte Menschen aus aller Welt, die seherische Kraft hatten und um sich Schüler scharten, erkannten bald die Magie dieser Orte und dass sie bis heute ihre Kraft nicht verloren hatten. So hat sich das ehemalige Wildweststädtchen Santa Fe zu einem der aktivsten esoterischen Orte der Welt entwickelt. Magier, Hexen, Seher, Schamanen, Gurus, Heiler, Yogis, Sektie-

Kraftkegel

Magie heißt mit psychischer Kraft Veränderungen zu bewirken, deshalb besteht ein Teil der Lehrzeit einer Hexe darin, psychische Energie fließen zu lassen und gezielt einzusetzen. Dafür gibt es ein Ritual, das bei fast allen Zeremonien eingesetzt wird: der Aufbau des Kraftkegels. Das Ritual findet wie immer in der Mitte des Kreises statt. Der Aufbau des Kegels kann durch Tanz, Meditation und Gesang erfolgen. Dazu stellen sich alle Mitglieder des Konvents im Kreis auf und erheben die Arme zur Mitte. Dann lassen sie die Energie in die Mitte strömen. Wenn die Hohepriesterin das Gefühl hat, dass der Energiehöhepunkt erreicht ist, konzentrieren sich alle Hexen darauf, diese Kraft spiralförmig aus dem Kreis herauszuheben in Richtung des angestrebten Ziels. Dieses kann ein bedürftiger oder kranker Mensch sein, es kann aber auch die Lösung von Umweltproblemen sein.

Die Indianer setzten zum Überleben in der rauhen Natur ebenfalls spirituelle Seher ein. Der indianische Schamansimus feiert heute wieder eine Renaissance.

Häufig erinnert das rituelle Gebaren der modernen Hexenkonvente an die archaischen Beschwörungsformeln der Naturvölker. Auch hier spielen bestimmte Gegenstände wie Stäbe und Feuer eine zentrale Rolle.

rer – sie alle versuchen an so energiereichen Orten, wie es noch einige auf der Welt gibt, ihre bereits besonderen visionären Kräfte zu verstärken. Viele erhoffen sich Erleuchtung. So finden sich auch viele Hexen in und um Santa Fe, um dort die „Urquelle des spirituellen Bewusstseins der Menscheit" anzuzapfen.

Die Landschaft

Im Lauf der 70er und 80er Jahre haben sich in Amerika immer mehr Gruppen von Neuheiden gegründet. Es wäre falsch zu behaupten, dass alle Neuheiden Hexen sind, aber ein Großteil sicherlich. So soll es Schätzungen nach in den USA über 100 000 Neuheiden geben, was auch die gigantische Zahl von Festen widerspiegelt. Begünstigt wurde die neue Sinnsuche durch eine Welle von Aussteigertum. Aus der Hippie- und Blumenkinderbewegung der Sechzigerjahre in Kalifornien haben sich viele Kommunen herausentwickelt, die sich schließlich vor allem in die versteckten Täler Kaliforniens zurückgezogen haben. Aber auch gerade an der Pazifikküste Kaliforniens haben sich herausragende sprituelle Zentren gebildet, die Treffpunkte für neu orientierte Wissenschaftler, wie für zum Beispiel für den Biologen Robert Sheldrake, wurden. Er entwickelte ähnlich wie der Physiker Fritjof Capra eine spirituelle, energetische Richtung der Naturwissenschaft und vereinte so Technik und Metaphysisches. Gerade bestimmte Landschaftstypen, wie das sandige Gebiet um Santa Fe, oder die unendliche Weite des Pazifik haben die Menschen schon immer inspiriert, über ihr Bewusstsein hinauszugehen.

Kraftorte

Kraftorte bündeln aus veschiedenen Gründen Energien. Entweder wegen ihrer günstigen Lage zur Sonne und zum Mond wie zum Beispiel in Carnac oder Stonehenge, wo der Stand der riesigen Dolmen das Sonnen- und Mondlicht ins Zentrum des Kreises lenkt, oder wegen der Bodenschätze, wie Mineraladern. Auch der Geburtsort eines spirituellen Vorfahren kann ein geistiger Kraftort sein, aber gerade im Hexenglauben sind es oft Berge, die Zentren der Zeremonien werden. So ist der so genannte Blocksberg die volkstümliche Bezeichnung für eine Erhebung, die als Versammlungsplatz für Dämonen und Hexen gilt. Dort feiern die Hexen ihre Walpurgisnacht oder andere Wendepunkte des Jahres. In Deutschland gilt der Brocken im Harz als Blocksberg für die orgiastischen Feste, und fast jedes Land kennt einen Berg, der als Dämonenberg bekannt ist. Ein Kraftort in Form eines Berges ist auch der australische Ayers Rock, der von den Aborigines, also auch einem naturreligiösen Stamm, verehrt und gefürchtet wird. In Asien gibt es zahlreiche Kraftberge im Himalaja, der ja als „Dach der Welt" gilt und somit Mond und Sonne am nächsten ist.

Die Kunst der Weissagung

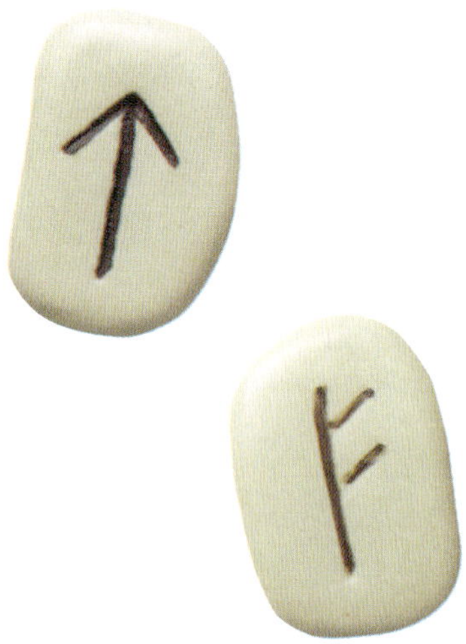

Runenlegen gilt in der heutigen Hexenweissagung als probates Mittel der Schicksalsdeutung

Eine zentrale Rolle im Hexenwesen spielt die Weissagung. Dazu wurden seit der Antike viel Spiele herangezogen, seit dem Mittelalter auch die Karten, allen voran das Tarotspiel. Aber auch aus Steinen, Zahlen, Stäben und Runen kann Weisheit bezogen werden und nicht zuletzt aus der Astrologie.

Das Tarot

Kaum eine okkulte Kunst hat solch eine Renaissance erfahren wie das Tarotspiel. Die Ursprünge dieses aus 78 Symbolen bestehenden Kartenspiels liegt in Arabien. Von dort aus kam es im 13. Jahrhundert nach Europa, zunächst an die Königshöfe Norditaliens. Die besondere Anziehungskraft des Tarot beruht auf der Verflechtung magischer und imaginativer Kräfte. Sämtliche okkulten Strömungen Europas wurden mit dem Tarot in Verbindung gebracht. Einerseits Mittel der Hexen, Schamanen, Zigeuner und der Volksmagie, andererseits Teil der Kabbala (Bezeichnung der jüdischen Mystik), der ägyptischen Mysterien, des Gnostizismus (spätantike religiöse Erlösungsbewegungen), des Rosenkreuzertums (dem menschlichen Wohl verpflichtete christliche geheime Bruderschaft) sowie der Astrologie. Die Tarotpraktiken haben auch viel zur Erforschung verloren gegangener okkulter Verfahren beigetragen. Mit dem Tarot können Visionen erzeugt werden und Wege ins Unterbewusste beschritten werden. Das Tarot kann das Bewusstsein erweitern und Lösungen aufzeigen,weil es die Vorstellungskraft erhöht. Die Symbole des Taro entstammen der Zeichensprache der Renaissance. Aufgeteilt in 22 Trümpfe, die große Arkana, und 56 Augenkarten, können Legesysteme zu einer magischen und mystischen Reise in das Ich oder Du werden. Das Befragen der Karten kann auch durch bloßes Ziehen einer Karte erfolgen. Dazu mischt der Fragesteller die Karten und legt sie in drei Häufchen auf den Tisch. Der Wahrsager nimmt dann die drei Päckchen auf. Aber auch das Ziehen einer einzelnen Karte kann die Antwort zur gestellten Frage enthalten. Der

Das chinesische Mah Jongg birgt ebenso wie das Würfeln die Möglichkeit der Zukunftsdeutung.

Wahrsager versucht nun aus den Symbolen die situative Kraft zu ersehen und welche kreativen Chancen darin liegen für den Fragesteller, der eine Lösung zu einem Problem sucht oder lediglich Tendenzen der Zukunft erfragen möchte. Zudem sind die veschiedenen Symbole des Tarot den astronomischen Zeichen zugeordnet und können so kombiniert mit der astrologischen Beratung eingesetzt werden.

Träume

Seit Sigmund Freud die Traumdeutung in den Stand der Wissenschaft erhoben hat und sie als Schlüssel für verschüttete Traumata sah, sehen sich die Wahrsager in ihrer alten Kunst der Traumdeutung bestärkt. Künstler und Wissenschaftler haben herausgefunden, dass unter unserer „Denkschicht" ein immer währender Bilderfluss strömt. In den verschiedenen Schlafphasen können diese Bilder mehr oder weniger in den Vordergrund treten und so können sich „alte" Erfahrungen mit neuen mischen. Eine neue Welt entsteht. Immer schon haben Seher ihre Träume zum Deuten bevorstehender Ereignisse genutzt. Da sie wahrscheinlich die Kunst beherrschten, sich Träume lange merken zu können – den meisten Menschen entfallen die Träume kurz nach dem Aufwachen wieder - hob sie das schon von den anderen Mitgliedern der Gemeinschaft ab. Durch Meditation und Askese kann das Träumen gefördert werden. Träume sind das Fenster der Seele, wer durch dieses hindurchsehen kann, ist ein Hell-Seher.

Runenlegen

In letzter Zeit werden auch immer wieder Runen als Orakel befragt. Die kleinen, unregelmäßigen Steine, die mit altnordischen Zeichen bedeckt sind, werden ausgelegt oder ausgeschüttet. Ihre Aussagekraft ist auch stark von der Interpretationsgabe des Wahrsagers abhängig.

Würfeln und Stäbe werfen

Bereits in der Antike setzten die Römer und Griechen Würfel aus Schafsknochen zur Orakelbefragung ein. In Verbindung mit der Numerologie (Zahlenmystik) und einer guten Interpretationsgabe kann so das Buch des Schicksals aufgeschlagen werden. Die Chinesen haben in ähnlicher Absicht das Mah-Jongg-Spiel entwickelt. Das chinesische Y-Ging gibt mittels Stäben, die im Hexagramm gelegt werden, Antworten auf Fragen des Schicksals.

Zu den Künsten einer Hexe, eines Zauberers oder Magiers gehört auch immer die Fähigkeit, Schicksale deuten zu können. Abhängig vom Lebensraum und der Zeit, sind auch diese Strömungen unterworfen.

Die Astrologie

Dieses klassische Mittel der Weissagung verbindet die individuelle Bedeutung mit äußeren Ereignissen. Es geht von der energetischen Kraft der einzelnen Sterne im Planetensystems aus und deren Stelllung zueinander in Verbindung mit den indviduellen Lebensdaten. Die Lehre der Astrologie sieht für jedes einzelne der 12 Sternzeichen Eigenschaften vor, ebenso für Sonne und Mond und die anderen Planeten, die je nach Stellung im Kosmos und zueinander verschiedene Kräfte freisetzen können. Die Astrologie hat heute ungeahnten Zuspruch und wird unter anderem von Sehern zum Erfassen einer Persönlichkeit eingesetzt und um dessen psychische Situation beurteilen zu können.

Die Feste der Hexen

Wiedergeboren werden, wachsen und reifen – der gehörnte Gott stirbt am Ende des Hexenjahres, um von der Großen Göttin im Frühling wieder geboren zu werden.

Der Hexenkult ist eine fröhliche Religion, die zahlreiche kultische Zeremonien im Jahr kennt. Sosehr die einzelnen Riten strengen Abläufen unterworfen sind, sosehr werden im Anschluss ausgelassene Feste gefeiert.

Feiern rund ums Jahr

Die Wicca-Anhänger verstehen das Jahr als Rad, als ewigen Zyklus der Jahreszeiten. Fast in regelmäßigen Abständen feiern die Wiccas acht Sabbate und 12 bis 13 Esbats, die Vollmondfeste. Die vier kleinen Sabbate markieren die Wenden und Höhepunkte der Sonnenbahn. Mit den vier großen Sabbaten werden die Vegetationszyklen Saatzeit, Wachstum, Ernte, Ruhezeit eingeleitet. Sabbatzyklen spiegeln den uralten Kreislauf vom unaufhörlichen Wiedergeborenwerden und Sterben, das die Geschichte zwischen der alten weisen Göttin und ihrem Sohn und Gemahl dem gehörnten Gott erzählt.

Die Wintersonnwende

Das so genannte Julfest, das am 2. Dezember gefeiert wird, gilt als kleiner Sabbat. Es markiert die längste Nacht des Jahres und die Wiederkehr der Sonne. Während der nun folgenden Monate ruht die Erde aus. Mit Kerzen und Feuer sowie Mistel und Stechpalmen am Altar feiern die Wicca. Auch die Farben der Pflanzen sind Symbole: Rot für die Sonne, Grün für das ewige Leben und Weiß für die Reinheit.

Imbolc

Der große Sabbat wird am 1. Februar gefeiert und wird auch Fest des zunehmenden Lichts genannt. Das Fest ist den ersten, sprießenden Pflanzen und dem nahenden Frühling gewidmet. Das Längerwerden der Tage entspricht der Kraft des heranwachsenden Knaben. Das Ende des Winters begehen die Wicca mit Reinigungsriten und großen Freudenfeuern.

In Stonehenge, England finden heute noch Hexenzeremonien statt.

Das Frühjahrsäquinoktium

Dieser kleine Sabbat wird am 21. März gefeiert, wenn die Göttin wieder erwacht. Ihr werden gefärbte Eier gespendet. Die Saat wird ausgebracht und Pläne für die kommende Zeit werden geschmiedet.

Beltane

Dieser große Sabbat am 1. Mai wird oft mit einem besonders ausgelassenen Fest gefeiert. An diesem Tag wird der große Gott zum Mann, während die Frucht bringenden Kräfte der Königin ihren Höhepunkt erreichen. Die Göttin empfängt vom Gott den Samen. Die Wicca feiern diese Befruchtung mit einem Tanz um den Maibaum und einem Blumenfest.

Die Sommersonnwende

Als längster Tag im Jahr dem 21. Juni, wird das Fest zu Ehren der Göttin mit einem Freudenfeuer begangen. Dieser Tag ist bei den Wicca ein bevorzugter Tag zu heiraten. Das frisch vemählte Paar springt rituell über den Besen.

Das Anrufen der Naturkräfte durch Tanz und körperlichen Ausdruck ist zentraler Bestandteil jedes Wicca-Festes.

Lungnasadh

Dieser große Sabbat wird am 1. August gefeiert. Er markiert die Erntezeit. Aus dem ersten geernteten Korn wird sonnenförmiges Brot gebacken. Die Kraft des Gottes lässt nun nach, während die Göttin das wachsende Kind im Leib spürt.

Herbstäquinoktium

Der 2. September ist der Tag, an dem sich der Gott auf das Sterben vorbereitet während die Göttin dem Höhepunkt der Freigiebigkeit entgegenschreitet. Durch das Füllhorn symbolisieren die Wicca ihren Dank für die Ernte.

Samhain

Dieser, im Jahresrad gegenüber dem Beltanefest liegende, große Sabbat bezeichnet den Tag, an dem der Gott stirbt und mit ihm die Natur. Es ist der 31. Oktober. Die Sonne wird schwächer und dieser Neujahrstag der Wicca ist ein Ausdruck des Vertrauens auf die Wiedergeburt der Göttin. Viele dieser Bräuche haben auch Eingang in den christlichen Jahreskalender gefunden, wie das bunte Eiermalen zu Ostern, das Erntedankfest und das Maibaumaufstellen am 1. Mai, und beweisen damit das Alter dieser ursprünglichsten aller Naturreligionen.

Die Tiere der Hexen

Schon Kinder könnten ohne weiter nachzudenken die Lieblingstiere der Hexen benennen: die auf der Schulter sitzende Katze oder den Raben. Dass Hexen in Verbindung mit Tieren gezeigt werden, rührt aus den frühesten Tagen des Kultes. Die seherisch veranlagten Frauen haben nämlich rasch herausgefunden, dass Tiere kosmische Veränderungen, Naturkatastrophen, aber auch die Mondzyklen sehr stark empfinden und durchaus als Warnsystem funktionieren können. Später, als sich der Mythos um die sich verwandelnden Hexen festigte, nahm man an, dass sich Hexen in Tiere verwandeln können.

Gefährte des Bösen: die Katze

Schon die großen Göttinnen des Altertums wurden in Begleitung von Katzen dargestellt. Die schöne germanische Freya fuhr in einem Katzengespann, die römische Diana soll bisweilen die Gestalt einer Katze angenommen haben und in Ägypten galt die Katze als heiliges Tier. Bei den Ägyptern hatte die Katzenverehrung den Grund, dass Katzen die Kornkammern von Ungeziefer freihielten und so zu den Bewahrern des Getreides wurden. Ein in Ägypten lebender Römer wurde gar vom Pöbel erschlagen, weil er eine Katze getötet hatte. Die Verehrung der Katze endete gleichzeitig mit der Christianisierung Europas. Mit dem Einsetzen der Hexenverfolgung wurden die Katzen zu Dämonen des Bösen erklärt und nicht selten mit den verurteilten Frauen verbrannt. Um die Bevölkerung von der Bösartigkeit der Katzen zu überzeugen, setzte die Kirche Gerüchte in die Welt, dass die in Südfrankreich lebenden Ketzer dem Teufel in Gestalt einer Katze huldigen würden. Während der Hexenverfolgung warf man in den Prozessen zahlreichen Hexen vor, sie hätten die Katzen zu magischen Zwecken genutzt. So waren im 17. Jahrhundert Menschen, die Haustiere hielten, schon suspekt. Insbesondere die Katzenliebhaber gerieten in Verdacht, da der Katzenmythos schon so lange Tradition hatte. Sicher trägt das Aussehen der Katzen mit zu den Vorurteilen bei. Als äußerst selbständiges Tier, mit den geheimnisvollen Augen und der unergründlichen Seele, bietet es genug Anlass für Interpretationen. Noch bis heute hält sich der Aberglaube hartnäckig, dass eine schwarze Katze, die von links über die Straße läuft, Unglück bringt.

Krötenzauber

Neben anderen Tieren wie Kaninchen, Frettchen, Amsel, Igel, Krähen und Fröschen galt auch die Kröte als Begleiterin der Hexen. Auch wenn Kröten nie verehrt wurden, so waren sie seit dem Altertum magische Tiere. 9 000 Jahre alte Ausgrabungen zeigen eine kleine Statuette der Großen Göttin mit einem Krötenkopf. Der Naturforscher Plinius der Ältere gab den Bauern im 1. Jahrhundert n. Chr. den Rat, zur Abwehr von Stürmen Kröten in irdenen Gefäßen auf die Felder zu setzen, warnte aber gleichzeitg vor dem Gift der Tiere. Die alten Griechen schrieben den Tieren zu, das Wetter voraussagen zu können, und bis heute gilt als klassisches Kinderbuchmotiv der im Glas sitzende kleine Verwandte der Kröte, der Wetterfrosch. Im 3. Jahrhundert wurde eine Mischung aus Wein und Krötenblut beschrieben, die tödlich sein sollte. In der Tat sondern manche Kröten ein Sekret ab, das bei Tieren Schaum vor dem Mund verursachen kann und beim Menschen Fieber hervorruft. Tödlich wirkt es aber nur im Extremfall. Auch bei der Kröte hat das Aussehen des Tieres nicht unwesentlich zu seinem Ruf beigetragen. Mit dem hässlichen, narbigen Gesicht, den hervortretenden Augen und seiner Vorliebe, sich an feuchten, dunklen Orten aufzuhalten, entspricht es ganz der Vorstellung vom dämonischen Wesen. Im Mittelalter sollen die Hexen die Kröten besonders verehrt haben. Man erzählte sich, dass die Hexen diese Tiere verhätschelt hätten, sie in Samt und Seide gewandet hätten, um sie am Hexensabbat im Namen des Satans zu taufen. Dass es sich hierbei um Fantasie handeln muss, geht schon aus der Beschaffenheit der Kröte hervor. Kröten, die nicht genug Feuchtigkeit bekommen, gehen ein – eine angezogene Kröte würde austrocknen. Trotzdem wurde natürlich die Kröte zum Erstellen von Arzneien oder Zaubertränken verwendet. Angeblich macht eine Tinktur aus Krötenspeichel unsichtbar.

Tiere als Begleiter der Hexen sind im heutigen Wicca-Kult etwas in den Hintergrund getreten. Allerdings verehrt ja der Wicca-Kult an sich alles Natürliche und ist so gleichzeitig Beschützer der Tiere.

Die Eule

Bei den Römern hieß die Eule „strix", also dasselbe Wort wie für Hexe. Als schlechtes Omen galt den Römern der Schrei der Eule, der den Tod verkündete. Als in Rom eine Eule in ein Haus flog, ergriffen die Menschen die Flucht und reinigten im Anschluss das Gebäude mit Wasser. Auch bei der Eule ist das Aussehen hauptverantwortlich für den Ruf des Tieres. Das flache, weiße Gesicht wirkt gespenstisch, der Schrei kann sich anhören wie ein menschlicher Ruf. Die Eigenschaft der Eulen, sich nachts lautlos aus der Luft auf ihre Opfer zu stürzen, legt die Assoziation zu bösen Geistern nahe. Im Europa des Mittelalters galt die Eule als das dämonische Tier. In William Shakespeares „Macbeth" fügen die Hexen Eulenflügel ihrem Zaubergebräu hinzu und Lady Macbeth verkündet: „Die Eule war's, die schrie/Der traurige Wächter/Der grässlich gute Nacht gewünscht."

Literaturnachweis

Berewinkel, Barbara: Hexen. Geschichte einer dunklen Zeit in Bildern und Berichten. Pattloch

Beyer, Rolf: Die andere Offenbarung. Mystikerinnen des Mittelalters. Fourier Verlag, Wiesbaden 1996.

Boysen, Tordis v.: Lexikon der magischen Symbole. Kersken-Canbaz-Verlag, Bergen/Dumme 1993.

Clarke, Lindsay: Die Zauberhaften Druiden. Die schönsten keltischen Mythen aus Irland und Wales. Herder Spektrum, Freiburg im Breisgau 1998.

Daxelmüller, Christoph: Aberglaube, Hexenzauber, Höllenängste. Deutscher Taschenbuch Verlag GmbH & CO. KG, München 1996.

Dinzelbacher, Peter: Heilige oder Hexen? Schicksale auffälliger Frauen in Mittelalter und Frühneuzeit. Artemis & Winkler, München; Zürich; London 1995.

Dülmen van, Richard (Hg): Hexenwelten. Fischer Taschenbuch Verlag, Frankfurt am Main 1987.

Golowin, Sergius: Die weisen Frauen. Die Hexen und ihr Heilwissen. Goldmann Verlag, München 1989.

Hauschild, Thomas: Die alten und die neuen Hexen. Die Geschichte der Frauen auf der Grenze. Wilhelm Heyne Verlag, München 1987.

Hohlbein, Wolfgang: Die Druiden von Stonehenge. Bastei Lübbe Verlag, Bergisch Gladbach 1995.

Hövelmann, Kai: 1000 unerklärliche Phänomene. Loewe Verlag GmbH, Bindlach 1999.

Karcher, Stephen: Divination. Die Kunst der Weissagung. Edition Astrodata, Wettswil 1997.

Kolatch, Alfred J.: Jüdische Welt verstehen. Fourier Verlag, Wiesbaden 1997.

Lerner, Gerda: Die Entstehung des Patriarchats. Campus Verlag, Frankfurt am Main 1995.

Marx, Helma: Das Buch der Mythen aller Zeiten und Völker. Verlag Styria München; Diederichs 1999.

Messing, Marcel: Vom Lebensbaum zum Kreuz. Ansata Verlag München/Wien 1994.

Starhawk: Der Hexenkult als Urreligion der Großen Göttin. Goldmann Verlag München 1983.

Schmölzer, Hilde: Phänomen Hexe. Wahn und Wirklichkeit im Laufe der Jahrhunderte. Herold Verlag Wien, München 1986.

Schwaiger, Georg (Hrsg.): Teufelsglaube und Hexenprozesse

Tölle, Marianne (Hrsg): Hexen und Hexenwahn. Time-Life Bücher, Amsterdam 1990.

Walter, Hans: Mythen aus dem alten Griechenland. Hirmer Verlag, München 1991.